Abobrificação do divo Cláudio

Lúcio Aneu Sêneca
Lucius Annaeus Seneca

ABOBRIFICAÇÃO DO DIVO CLÁUDIO

Tradução, introdução e notas
Luiz Henrique Milani Queriquelli
Maria Helena Felicio Adriano
Miguel Ângelo Andriolo Mangini
Pedro Falleiros Heise

ILUMI//URAS

Copyright © 2022

Copyright © desta edição e tradução
Editora Iluminuras Ltda.

Capa e projeto gráfico
Eder Cardoso / Iluminuras

Imagem da capa
Hábitos crepusculares, Samuel Leon, São Paulo, 2018
[Óleo sobre tela 100 cm x 90 cm], detalhe modificado digitalmente.

Revisão
Monika Vibeskaia

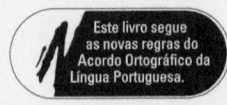

CIP-BRASIL. CATALOGAÇÃO NA PUBLICAÇÃO
SINDICATO NACIONAL DOS EDITORES DE LIVROS, RJ
S479a

    Seneca
      Abobrificação do divo Cláudio / Lúcio Aneu Sêneca ; tradução, introdução e notas Luiz Henrique Milani Queriquelli, Maria Helena Felicio Adriano, Miguel Ângelo Andriolo Mangini e Pedro Falleiros Heise. - 1. ed. - São Paulo [SP] : Iluminuras, 2022.
    118 p. ; 21 cm.

    Tradução de: L. annaei senecae apocolocyntosis diui Claudii.

    ISBN 978-65-5519-156-1

    1. Seneca, Lucius Annaeus, 4 A.C.-65 D.C. 2. Cláudio, imperador de Roma, 10 A.C.-54 D.C. 3. Sátira Menipeia. 4. Roma - História - Império, 30 A.C.-476 D.C. I. Queriquelli, Luiz Henrique Milani; Adriano, Maria Helena Felicio; Mangini, Miguel Ângelo Andriolo; Heise, Pedro Falleiros. II. Título.
22-77906   CDD: 937.07092
                      CDU: 94(450)

Gabriela Faray Ferreira Lopes - Bibliotecária - CRB-7/6643

2022
EDITORA ILUMINURAS LTDA.
Rua Inácio Pereira da Rocha, 389 – 05432-011 – São Paulo, SP – Brasil
Tel./ Fax: 55 11 3031-6161
iluminuras@iluminuras.com.br
www.iluminuras.com.br

Esta tradução é dedicada à memória de José Ernesto de Vargas,
que teria se regozijado muito com a leitura dela.

SUMÁRIO

INTRODUÇÃO

Sêneca e a *Abobrificação*: contexto, autor
e questões teóricas sobre a obra, 11

Luiz Henrique Milani Queriquelli,
Maria Helena Felicio Adriano,
Miguel Ângelo Andriolo Mangini e
Pedro Falleiros Heise

ABOBRIFICAÇÃO DO DIVO CLÁUDIO

L. ANNAEI SENECAE APOCOLOCYNTOSIS DIVI CLAVDII

ABOBRIFICAÇÃO DO DIVO CLÁUDIO,
DE LÚCIO ANEU SÊNECA, 41

Nota à tradução, 91

POSFÁCIO

Apocolocintose ou abobrificação: soluções tradutórias, 93

José Eduardo S. Lohner

Repercussões da obra, 105

Bibliografia de Sêneca em português, 109

Cronologia, 113

INTRODUÇÃO

SÊNECA E A *ABOBRIFICAÇÃO*: CONTEXTO, AUTOR E QUESTÕES TEÓRICAS SOBRE A OBRA

Luiz Henrique Milani Queriquelli,
Maria Helena Felicio Adriano,
Miguel Ângelo Andriolo Mangini e
Pedro Falleiros Heise

Contexto histórico e biografia de Sêneca[1]

O caminho percorrido pela literatura em Roma foi longo, tendo demorado alguns séculos para se constituir como um sistema. Foi apenas com o início do império (27 a.C.) que as formas literárias alcançaram seu auge, o que não significa que antes não houvesse nenhum tipo de produção, mas é nesse momento que elas se consagram. Esse ápice da literatura latina, conhecido como Era de Ouro, é fruto, dentre outros fatores, das políticas culturais do primeiro *princeps* e imperador, César Augusto, após ter instaurado um período de paz em Roma (*Pax Romana*). Além disso, é de grande importân-

---

[1] Sobre a vida e a obra de Sêneca, foram consultados: CARDOSO, 2014; LEONI, [1993]; CONTE, 1999.

cia para essa consolidação o chamado Círculo de Mecenas, formado pelo amigo íntimo de Augusto que patrocinava e incentivava a produção artística. É compreensível então que, com o fim das guerras civis, tenha surgido um ambiente propício para uma maior produção artística. A partir disso, todos os escritores latinos passaram a ter como modelos também os autores da Era de Ouro.

Lúcio Aneu Sêneca, nascido entre 4 a.C. e 1 d.C., viveu durante os impérios de Augusto, Tibério, Calígula, Cláudio e Nero, numa Roma desenvolvida culturalmente, que contava com uma bibliografia latina bastante vasta e nomes como os de Virgílio, Horácio e Ovídio já prestigiados. Seu ambiente familiar também era voltado para a atividade intelectual, sendo seu pai, Sêneca, o Velho, orador e escritor, o que ensejou a formação de seu filho num contexto culto. Assim, Sêneca teve uma educação rica e, após um mandato tardio como questor, ingressou no senado, onde parece ter tido atuação destacada. Diferentemente de Augusto, porém, os outros imperadores viam nos escritores figuras ameaçadoras para o seu poder, pois eram capazes de denunciar sua tirania. Mas, em comparação com o governo de Augusto especificamente, deve-se considerar como fator importante a euforia pela paz recém-conquistada com o fim das guerras civis, o que pode ter contribuído para uma imagem mais favorável do imperador por parte dos escritores, resultando em textos menos críticos nesse sentido, com exceção de Ovídio. Tibério e Calígula, apesar de temerem essas figuras, não chegaram a concretizar algum tipo de ameaça contra Sêneca, mas esse cenário se transforma com a morte de Calígula.

Depois de assassinar Calígula e grande parte de sua família, a Guarda Pretoriana encarrega seu tio, Tibério Cláudio, do trono por vê-lo como alguém facilmente controlável e fraco, o que em parte se acreditava justificável pelo seu físico, pois era gago e manco, e não menos por sua aparente falta de ambição política. Somado a isso, cabe notar de que forma essa ascensão ao poder se dá: sem a avaliação do Senado, que, na época, era o responsável por nomear os imperadores; isso evidencia o caráter atípico da posse do império por Cláudio. Com o título de imperador, Cláudio dá sequência ao poder tirânico de seus antecessores, mas agora a aversão é concretizada, sendo eliminadas quaisquer figuras que pudessem representar uma ameaça ao seu governo. Dessa maneira, Sêneca, franco opositor ao regime claudiano e representante da classe intelectual romana, é mandado ao exílio.

Seu destino é a ilha de Córsega, onde fica por oito anos, cujo povo na época era considerado bárbaro segundo os padrões romanos. Durante o exílio, a produção literária e filosófica do autor é bastante ativa, mostrando o valor da atividade intelectual em tempos difíceis. Sêneca só é retirado do exílio em 49 d.C., a pedido de Agripina, segunda esposa de Cláudio. Agripina possui seus próprios interesses políticos e busca garantir o trono para seu filho, Nero. Como vê em Sêneca um mentor eficiente para ele, Agripina convence Cláudio a permitir a volta do autor a Roma, agora com o cargo de preceptor do futuro imperador. Posteriormente, com a morte de Cláudio e a ascensão de Nero, Sêneca mantém sua influência por um tempo e passa a ser conselheiro do novo imperador. Porém, apesar da instrução dada a Nero, o lado tirânico de seu pupilo se manifesta, o que provavelmente leva Sêneca a se afastar da vida política. Os últimos anos de vida do autor são reclusos, dando continuidade a sua obra. Apesar disso, ele ainda é acusado de fazer parte da conspiração de Pisão, que buscava tirar Nero do poder. Assim, em 65 d.C., Sêneca é forçado a cometer suicídio, punição por sua suposta parte na conspiração contra o imperador de Roma.

Tendo em mente, portanto, a vida de Sêneca e sua relação ora contrária, ora aliada ao poder, é possível esclarecer certos aspectos sobre a *Abobrificação*. O primeiro deles é o fato de que a obra só veio a público após a morte de seu protagonista, Cláudio. Essa escolha parece ser bastante razoável, considerando o perfil tirânico do imperador e as duras críticas que Sêneca faz a ele ao longo da narrativa. O segundo é a comparação entre o tratamento dado a Cláudio pelo autor durante seu exílio e após a morte do imperador. Isto pode ser feito através das obras produzidas nesses dois momentos. Em *Consolação a Políbio*, por exemplo, a presença de Cláudio é constante, e ele aparece sempre adornado por suas virtudes e boas ações enquanto imperador. Aqui, existe um plausível interesse do autor em buscar, por meio da adulação, o perdão e o regresso do exílio. Já na *Abobrificação*, anos depois, Cláudio é descrito tanto física quanto moralmente como um monstro. A obra parece assumir, com isso, um tom vingativo, uma retaliação do Sêneca exilado que agora satiriza seu malfeitor. Contudo, apesar de uma provável motivação pessoal, é o caráter político da obra que se destaca, e é através dele que a crítica se dá. O julgamento moral de Cláudio é feito sobretudo a partir de suas ações como governante, mostrando novamente o resultado da relação conflituosa do autor com o poder.

Mas, além de contextualizar a obra em seu tempo e ambiente, é necessário inseri-la dentro do restante da produção literária do autor. O nome de Sêneca geralmente é lembrado por suas cartas a Lucílio, diálogos filosóficos e tragédias, obras comprometidas com uma doutrina de pensamento sobre a conduta humana. Dentre as principais características presentes nessas obras está o estoicismo que Sêneca pregava, sendo ele um dos maiores difusores dessa corrente filosófica em Roma. Os detalhes dessa doutrina são explorados em suas cartas e diálogos, que buscam refletir sobre a vida e sobre uma postura de aceitação que deve ser adotada sobretudo diante dos desafios, já que as atitudes que se tomam frente às dificuldades podem ser controladas pelo homem. Nas peças também é possível identificar os ensinamentos da doutrina estoica, ao contrapor, por exemplo, personagens viciosos e com comportamentos morais condenáveis a personagens virtuosos e prudentes mesmo diante dos episódios mais adversos da narrativa.

A preocupação filosófica de Sêneca é, portanto, um elemento central em suas obras, que confere ao conjunto delas o aspecto de um sistema de doutrina estoica, e por isso possuem um tom mais sério e não jocoso como se percebe na sátira. Embora existam críticas na *Abobrificação*, essas não carregam o mesmo peso filosófico que objetiva refletir sobre a humanidade, mas sim um teor satírico e voltado para um personagem específico, revelando um texto que destoa do restante da produção de Sêneca. Não só a forma e o objetivo das críticas são distintos, mas a própria filosofia estoica, tão característica do autor, não parece ser uma preocupação nessa obra, porque surge apenas em raros momentos. Considerando então o conjunto de características únicas da *Abobrificação* e seu distanciamento em relação às outras obras de Sêneca, é compreensível que, por algum tempo, tenham existido discussões em torno de sua autoria. Apesar disso, é possível entender a partir do contexto no qual o autor viveu, pelo menos em parte, alguns dos fatores que levaram à construção de uma obra tão singular.

Título e autoria

Sendo uma pessoa notoriamente misantrópica, reclusa, caricata e aparentemente incapaz de governar uma casa — quem dirá um império —, Cláudio sempre foi motivo de piadas que circulavam dos corredores da corte aos quartéis, das vielas da urbe às fofocas senatoriais. Ao menos, isso é o que sugerem os relatos dos principais historiadores romanos, em especial os de Dião Cássio (*Hist. Rom.*, LX), Suetônio (*Claud.*) e Tácito (*Ann.*, XI-XIII). Portanto, não surpreende o fato de o título legado pela tradição à obra que aqui se apresenta ser muito provavelmente uma espécie engenhosa de chiste com a figura de Cláudio.[2] *Apocolocyntosis* insinua um jogo com as palavras *apothéosis* ("deificação") e *kolokýnte* ("abóbora"), o que sugere que a sátira de Sêneca trata da história da "apoteose da abóbora", em lugar de uma deificação, ou ainda de uma "abobrificação", termo escolhido para o título da presente edição. Isso faz sentido se se pensa que, nos bastidores de Roma, Cláudio era apelidado de

---

[2] A interpretação do título é problemática pois pode decorrer de um mal entendido do epítome de Dião Cássio. Cf. RONCALI (1990, p. 16 ss. *apud* MUGELLESI, 2016, p. 19).

cucurbĭta (palavra latina para "abóbora"), assim como seu antecessor, Calígula, tinha sido apelidado de "sandalinha" (*caligŭla* é o diminutivo de *calĭga*, "sandália").[3]

Esse título, *Apocolocyntosis*, consagrado pela tradição, parece ter sido um nome pelo qual as pessoas se referiam à obra extraoficialmente, boca a boca. Os manuscritos mais antigos já encontrados trazem outros dois títulos: *Diui Claudii apotheosis per saturam* e *Ludus de morte Claudii* ("Apoteose do divo Cláudio por meio de sátira" e "Brincadeira sobre a morte de Cláudio", respectivamente). A própria autoria, hoje consensualmente atribuída a Sêneca, só foi consolidada no século XVI.[4] Isso leva a crer que inicialmente não convinha a Sêneca declarar-se abertamente autor de uma sátira jocosa sobre a morte de um imperador.

Freudenburg, no artigo já citado, argumenta que Sêneca provavelmente teria apresentado a obra ao público num recital semidramático durante uma saturnália,[5] cerca de dois meses após a

---

[3] O apelido do primeiro era uma referência tanto às características físicas de sua cabeça quanto à sua suposta estupidez, uma vez que *cucurbĭta* era usado para se referir a alguém tolo (HELLER, 1985, pp. 68-69). Já o apelido do segundo teria sido dado na sua infância por soldados da Germânia que costumavam vê-lo trajado de soldado romano. Este, segundo Adams (2007, pp. 76-78), odiava o apelido *caligŭla*, mas o aceitou. A alcunha, de alguma maneira, o mantinha ligado ao exército romano, já que tinha sido dada por soldados, e era conveniente, tendo em vista que sofria críticas por ser um césar sem carreira militar notória. Cf. FREUDENBURG, 2015, p. 94 e HOYOS, 1991, pp. 68-70

[4] Cf. EDEN (1984).

[5] A saturnália era um festival em honra ao deus Saturno, que alguns comparam ao nosso carnaval. Embora não seja uma peça de teatro em si, o texto parece ter sido feito para uma leitura pública dramatizada e apresenta características de um

morte de Cláudio. Presumivelmente seus convivas eram pessoas que, assim como ele, tinham sido prejudicadas durante a tirania claudiana e agora festejavam o fim do despotismo. Esse contexto ajuda a compreender um argumento adicional que Freudenburg oferece para entender o título da obra. Considerando que Cláudio era gago e era apelidado de "abóbora", a invenção da palavra *Apocolocyntosis* torna-se estratégica: um conviva bêbado, ao tentar pronunciar essa palavra durante uma saturnália, certamente gaguejaria como Cláudio, e isso por si só era uma fonte de risos múltiplos. Além disso, Cláudio era manco e corcunda, o que lhe conferia, no julgamento de seus contemporâneos rivais, um aspecto monstruoso, e isso também parece ter sido mimetizado na própria palavra que intitula a obra: um monstro de sete sílabas impronunciável.

Imitação deliberada de Lucílio

Outra leitura convincente de Freudenburg[6] é a de que a estrutura da *Abobrificação* revela a imitação deliberada de uma obra daquele que é considerado

---

texto dramático, como a estrutura em cinco atos (KORZENIEWSKI, 1982 apud FREUDENBURG, 2015, p. 95, nota 12), prescrita na *Arte poética* de Horácio (*Ars. P.*, 189-190). Além disso, esta característica de obra para leitura dramatizada está em conformidade com a produção trágica de Sêneca, o que favorece a atribuição da *Apocolocyntosis* a ele.
[6] FREUDENBURG, 2015, pp. 98-105.

o inventor da sátira romana: Lucílio (? - 103 a.C.). No primeiro livro de suas sátiras, Lucílio apresenta um concílio dos deuses que julga o caso de Lupus, cônsul em 156 a.C., depois censor e *princeps senatus*, cargo que ocupou até as vésperas de sua morte em 125 a.C. Também as sátiras menipeias, gênero do qual se tratará mais adiante, são conhecidas por esse elemento: um mortal que sobe aos céus, é julgado pelos deuses e depois desce aos ínferos. No entanto, Lucílio inovou ao representar esse concílio à imagem e semelhança do senado romano, e Sêneca reproduziu o mesmo artifício. Além disso, existem paralelos indubitáveis entre Lupus e Cláudio, assim como outros personagens de ambas as sátiras.

Lupus foi condenado por extorsão e outras atividades criminosas, e subverteu as regras para não receber pena perpétua, sendo que logo depois se consolidou no poder e chegou ao posto de censor, cargo que é símbolo de alta retidão moral: um contrassenso hilário e indignante. Sua eleição para esse cargo ocorreu apenas um ano após a morte de Catão, um de seus maiores críticos e talvez o censor mais exemplar de todos, cujo nome é símbolo de rigidez moral e sinônimo de censor até hoje. Na sátira de Lucílio, o personagem Rômulo é caracterizado à semelhança de Catão e assume a acusação contra Lupus, em nome dos valores ancestrais romanos; ao passo que Pulcher, um ex-cônsul medíocre, amante dos luxos e das novas modas gregas que corrompiam a simplicidade romana, incorpora Apolo e assume a defesa de Lupus.

Assim como o personagem de Lucílio, aponta Freudenburg[7], Cláudio também reivindicou o título de censor, e isso foi, por diversos motivos, considerado tão hilário e indignante quanto o mandato de censor de Lupus à sua época. Primeiro, os romanos consideravam, no mínimo, ridículo que a esposa do censor — Cláudio — cometesse adultérios aos olhos de todo mundo e ele simplesmente ignorasse o fato. Segundo, Cláudio concedia cidadania e postos no senado a bárbaros gauleses e era simpático a estrangeirismos gálicos, o que parecia ser uma afronta aos romanos mais conservadores. Terceiro, Cláudio, sob manipulação de Messalina, condenou Silano injustamente por um incesto com a irmã; no entanto, pouco tempo depois, flexibilizou as leis sobre incesto para legitimar seu casamento com a sobrinha Agripina, o que foi igualmente ultrajante a todos. Por fim, Cláudio, como um autêntico tirano, encontrou formas de eliminar seus rivais, seja tirando-lhes a vida, seja condenando-os ao exílio (como no caso de Sêneca), e também ficou famoso por julgar casos forenses de maneira parcial.

Na sátira de Sêneca, Augusto, que tinha sido o último censor romano antes de Cláudio, já deificado e simbolizando os valores ancestrais romanos, assume a acusação contra Cláudio; ao passo que o deus

[7] *Idem*, p. 101.

Diéspiter, representando o helenismo barato que corrompia a república, assume a defesa do imperador defunto que estava em julgamento. A intervenção de Diéspiter, conclui Freudenburg[8], revela não apenas um paralelo funcional entre este personagem e o Pulcher de Lucílio, mas também explicita o êmulo de Sêneca ao fazer uma citação direta de um verso do pai da sátira latina. Na *Abobrificação*, Diéspiter, tendo recebido propina de Hércules, argumenta que Cláudio deveria poder "devorar nabos ferventes" (IX, 5) com Rômulo, tal como supostamente aparece num verso da primeira sátira de Lucílio: *Romulus in caelo feruentia rapa uorare* ("Rômulo no céu a devorar nabos ferventes").[9] Na sátira de Lucílio, essa imagem de alguém que come nabos ferventes é usada para ilustrar o estigma de Rômulo no Olimpo: ele era um *outsider* recém-chegado, sem a classe e o refinamento dos gregos — um romano típico, simples e rústico. Em Sêneca, Diéspiter, representante do helenismo condenado pela tradição romana, sugere que Cláudio seja aceito e se junte ao seu ancestral Rômulo, compartilhando seus hábitos rústicos. Não coincidentemente, em Sêneca, a acusação também é feita por um *outsider* romano recém-chegado ao Olimpo grego: Augusto.

Essas e outras diversas conexões sutis mostram que, por trás de uma série de outros modelos pon-

---

[8] *Idem*, p. 98.
[9] *Feruentia rapa uorare* é a parte final de um hexâmetro geralmente atribuído a Lucílio (frg. 1357 Marx). Cf. FREUDENBURG, 2015, p. 98.

tuais e citações eventuais que caracterizam a sátira menipeia, Sêneca aparentemente tomou a imitação de Lucílio com um importante objetivo na *Abobrificação* por pelo menos dois motivos: para celebrar o inventor da sátira romana e suas qualidades poéticas; e para explicitar os paralelos políticos e os vícios comuns entre a Roma de Lupus e a Roma de Cláudio.

A *Abobrificação* como sátira menipeia

A sátira, assevera Quintiliano, é um tipo de texto originalmente romano: *Satura [...] tota nostra est* ("A sátira [...] é toda nossa") (*In. Or.*, X, I, 93). O autor de uma sátira censura um vício ou uma atitude viciosa por meio da ridicularização, donde se pode dizer que ela possui um caráter moral. Rosario Tovar, em *Teoría de la sátira*,[10] mostra que é concebido entre autores romanos como Horácio que o elemento do *ridiculum* seja fundamental para o efeito moralizante do gênero. É preferível que o alvo da sátira seja um vício no sentido abstrato (em vez de uma pessoa específica), ou que, pelo menos, sejam sutis e mascarados os juízos morais sobre um sujeito público. Os textos desse gênero ainda contam com ironia e paródia, duas maneiras de estabelecer um diálogo cômico e frequentemente enganador

[10] TOVAR, 1986.

com o leitor e suas referências particulares; daí ser importante algum conhecimento dos tópicos culturais e da situação moral e política da época a que a sátira se refere, como foi apresentado no início desta introdução. Por fim, quanto ao estilo característico desse gênero, por se tratar de vícios, o mais apropriado costuma ser o baixo ou o mediano, mas não o elevado.

Luciano De Biasi, tradutor e comentador da obra de Sêneca, arrola algumas possibilidades etimológicas do nome desse gênero, entre as quais consta a de que a palavra latina *satŭra* significava um prato composto por uma variedade de ingredientes.[11] De fato, o texto satírico é caracterizado por uma multiplicidade dialógica de vozes, as quais o autor coloca em consonância ou dissonância com a *communis opinio* (opinião ou senso comum), através do uso de provérbios latinos e gregos e da intertextualidade. Nesse tipo de procedimento, verifica-se uma alternância de estilos, como a citação de versos homéricos (extraídos do contexto elevado da épica) em meio a uma prosa marcadamente coloquial.

---

[11] In: SENECA, 2009, p. 328, nota 106. O *Oxford Latin Dictionary* (1968, p. 1694) registra, para o verbete *satŭra*, a seguinte acepção: "Um prato de ingredientes misturados" [*A dish of mixed ingredients*], exemplificada com uma passagem de Varrão: "satura est uua passa et polenta et nuclei pini ex mulso consparsi", o que faz pensar numa espécie de salada de frutas. A hipótese é a de que o sentido poético da palavra derive de *satŭra* com o sentido de prato feito de ingredientes variados. Ainda, em sentido apropriado, o dicionário registra "uma composição literária que consiste numa miscelânea de prosa e verso sobre vários tópicos" [*a literary composition consisting of a miscellany of prose and verse on various topics*]. Para esse último significado, o dicionário aponta a variante "satĭra" e a possível derivação etrusca do vocábulo, que poderia ter tido outro sentido originalmente.

Especificamente falando, a *Abobrificação* é exemplo do gênero sátira menipeia, estabelecido, como afirma De Biasi, a partir do escritor grego Menipo de Gádara (séc. III a.C.), cuja obra satírica tem como característica principal o uso conjugado de prosa e verso (donde o termo "prosímetro") e de estilos diversos. De Biasi e Tovar apontam que há uma dificuldade em determinar a menipeia como um gênero mais ou menos independente da sátira, pelas semelhanças que apresentam. Mas o que poderia permitir uma diferenciação, segundo De Biasi, é o elemento de que a menipeia é feita em forma de prosímetro e abrange uma variedade estilística excepcional, enquanto a sátira se limita ao verso hexamétrico, ao menos desde Lucílio. Horácio, por exemplo, em suas sátiras se atém ao uso do hexâmetro, mantendo, portanto, uma exclusividade métrica, fato que as diferencia da *Abobrificação* e outras sátiras menipeias, caracterizadas pela polimetria.

Com efeito, numa sátira menipeia, misturam-se registros vulgares com formais e gêneros elevados com baixos, de modo que, num mesmo texto (por vezes num mesmo parágrafo), a expressão pode transitar entre os discursos historiográfico, trágico, jurídico, cômico e outros. O épico, por exemplo, cuja tradição via de regra não admite a expressão cotidiana, assume um novo sentido quando se encontra mesclado com outros gêneros, inclusive baixos, havendo assim um uso não elevado dessa forma sublime, mas paródico. Essa salada de frutas permite aliás uma reflexão metalinguística sobre as formas de expressão, sua tradição e como elas podem ou não se relacionar, a depender do contexto, além do sentido moral e político da sátira. Há, dessa maneira, dois efeitos cômicos provocados pela *Abobrificação*. Um deles é causado pela ridicularização, natural da sátira, e o outro pelas constantes quebras das expectativas do leitor que, por exemplo, começando a ler um texto no registro historiográfico (I, 1), de repente se vê surpreendido pela intrusão cômica do autor com um "se eu não quiser, não responderei" (I, 1). Pode-se afirmar, porém, que o texto é consistente na sua variedade, que não é aleatória e menos ainda sem sentido.

Observem-se com exemplos essas e outras características da *Abobrificação*. Enylton Rego[12] aponta que o início (I, 1) do prosímetro de Sêneca contém um proêmio típico dos textos historiográficos, em que o historiador anuncia os fatos a serem narrados e assume diante dos leitores o compromisso com a verdade. No entanto, o exórdio, que originalmente criaria a expectativa de um texto sério e verídico, no caso da obra de Sêneca, logo perde esse aspecto. No trecho do proêmio a seguir, o leitor poderá facilmente perceber quando o elemento menipeu toma o lugar do factual:

---

[12] REGO, 1989, pp. 37-42.

[I, 1] O que aconteceu no céu na antevéspera dos idos de outubro do ano novo, início da mais feliz das eras, à memória quero trazer. Não se fará nenhuma ofensa ou elogio. Esta, portanto, é a verdade; se alguém perguntar de onde eu sei, primeiro, se eu não quiser, não responderei.

Percebe-se que a postura típica de um historiador não é mantida quando o narrador suspende o compromisso com a verdade ao dizer que pode não apresentar sua fonte se não quiser, embora, logo em seguida, ele a revele: uma testemunha notoriamente não confiável. O conteúdo da narração e os efeitos significativos produzidos por ela estão além da factualidade, afinal a obra, em vez de historiográfica, é uma sátira galhofeira sobre o imperador Cláudio, conhecido por ter exilado Sêneca e por ser estulto e tirânico. Para Tovar, o uso irônico da forma historiográfica elege os acontecimentos como uma verdade não histórica, mas opinativa, de uma opinião sarcástica que era a de Sêneca e provavelmente de quantos sofreram a tirania de Cláudio.

Veja-se ainda outro exemplo da mistura menipeia, quando o imperador chega ao Olimpo para receber seu julgamento, e Hércules o inquire sobre suas origens (VII, 1-2), momento em que a expressão transita da prosa para o verso e do registro cotidiano (em que se usam provérbios como "onde os ratos roem o ferro") para o mais elevado ("E, para que ficasse mais terrível, torna-se um trágico [...]"):

> [VII, 1] Então Hércules: "Ouve-me," diz, "deixa de tolice. Vieste aqui, onde os ratos roem o ferro. Depressa, diz-me a verdade, se não queres que eu arranque de ti as tuas alogias."
> E, para que ficasse mais terrível, torna-se um trágico e diz:
> [2] "Expõe logo em que sede és noto em ter nascido, ou, por este bastão, tu cairás sobre a terra; esta clava imolou muitas vezes reis feros."

A primeira impressão é de estranheza pelo fato de que Hércules se submete a tamanho esforço de convencimento frente a um ser desprezível, como se temesse que Cláudio fosse o décimo terceiro monstro a ser derrotado. Segundo Tovar, há dois Hércules em oposição, o trágico, que é sugerido com os versos, e o satírico, que é afinal a imagem do herói que fica, já descontextualizada do ambiente elevado da tragédia, e agora disputando com esse mortal. E o fato de Hércules endereçar versos trágicos a Cláudio já indica uma postura vulgar, incerta e indecorosa do próprio semideus. A mistura do provérbio com o verso, o uso do registro elevado em contexto inapropriado e ainda a postura duvidosa de Hércules dão à passagem o tom de paródia, tanto da figura do herói quanto formalmente da tragédia como gênero.

O uso de citações na *Abobrificação*

Outro aspecto da *Abobrificação* que merece destaque é a presença constante de citações diretas de poetas gregos e romanos. Pelo que foi visto, faz parte da sátira menipeia a fusão de gêneros diversos, o que resulta na presença constante da intertextualidade. De acordo com Freudenburg,[13] na origem deste gênero a citação não estaria presente;[14] mas, a partir de Sêneca, passando por Petrônio, Luciano e mesmo mais tarde com Juliano e Boécio, "do primeiro ao último, sátiras nesta linhagem são paródicas".[15] No caso da *Abobrificação*, a paródia é exercida também através das citações, que são tão importantes a ponto de Ellen O'Gorman afirmar que esta obra é "também *sobre* citações, o que significa citar e qual relação com o passado é estabelecida pelo e no ato de citar".[16]

A estudiosa menciona o episódio da chegada de Cláudio à soleira do Olimpo, a indagação, em versos gregos, por parte de Hércules sobre quem era aquele *monstrum* que havia aparecido ali e a

---

[13] FREUDENBURG, 2005, p. 20.
[14] Já Luciano De Biasi acredita que este tipo de conversação fosse característico da sátira menipeia: "o diálogo conduzido mediante citações homéricas será encontrado novamente em Luciano, symp. 12; pisc., 3, e *talvez fosse típico da sátira menipeia*" [*il dialogo condotto mediante citazioni omeriche se ritroverà in Luciano, symp. 12; pisc., 3, ed era forse tipico della satira menippea.*]. DE BIASI, p. 406, nota 17. (grifo nosso).
[15] FREUDENBURG, 2005, p. 20: *From first to last, satires in this branch are parodic [...]*.
[16] O'GORMAN, 2005, p. 96: *[...] also about quotation, what it means to quote, and what relationship with the past is configured by, within, the act of quotation.*

resposta do recém-chegado igualmente em versos gregos (ver V, 4). Esses versos pertencem aos poemas homéricos, e isto mostra um costume não só de Cláudio, mas de parte da aristocracia romana, que consistia em citar Homero em meio às conversações, não raro com o único intuito de demonstrar erudição e pertencimento de classe.[17]

Ainda segundo o estudo "Citação e autoridade na *Apocolocintose* de Sêneca", o ponto inicial do diálogo entre Hércules e o então desconhecido Cláudio parece estabelecer uma "hierarquia de entendimento, baseada na capacidade de cada personagem em escolher uma marca homérica apropriada para comunicar o que quer dizer".[18] Sabe-se que é frequente na *Abobrificação* o jogo alusivo a traços do caráter e do principado do imperador, e "parte da brincadeira tem a ver com o entusiasmo de Cláudio por erudição e estudos dos antigos, o que se revela, em valores históricos, como uma distração do 'verdadeiro negócio' que é governar".[19]

---

[17] De Biasi informa: "[...] ficamos sabendo por Dião Cássio, LX, 16, 8, que o costume de fazer citações gregas não deixava Cláudio nem mesmo quando se dirigia aos soldados e ao senado, com o resultado de se mostrar ridículo (o uso de expressões gregas por parte de um romano fora do ambiente privado não era julgado de modo favorável [...])" [*(...) da Dione Cassio, LX, 16, 8 apprendiamo che l'abitudine di fare citazioni greche non lo lasciava neanche quando si rivolgeva ai soldati e al senato, col risultato di rendersi ridicolo (l'uso di espressioni greche da parte di un romano al di fuori dell'ambiente privato non era giudicato favorevolmente (...)*] (2009, p. 407, nota 17).

[18] O'GORMAN, 2005, p. 97: *[...] hierarchy of understanding, based on each character's capacity to select an appropriate Homeric tag to communicate what he means to say.*

[19] *Ibidem*, nota 5: *Part of the joke here has to do with Claudius' enthusiasm for scholarship and antiquarian studies, which appears in the historical accounts as a distraction from the "real business" of ruling.*

O que se destaca, num primeiro momento, é a referência ao desvio de sua real função enquanto governante — uma espécie de Pedro II da Roma antiga, neste sentido. No entanto, mesmo o uso pedante da língua grega por parte de Cláudio acaba se voltando contra ele, como se verá agora. O fato de Hércules se valer de um verso homérico é facilmente explicável, uma vez que ele próprio era grego e porque o verso em questão corresponde exatamente ao que ele quer saber, ou seja, qual a origem daquela sombra que acabava de chegar ao Olimpo, e tudo isto cabe perfeitamente numa fórmula homérica.

Já a resposta de Cláudio, como sugere a leitura de O'Gorman, é mais alusiva, e não corresponde exatamente ao que ele é, mas ao que desejaria ser. O verso em questão se refere ao ponto de partida de Odisseu, o início de sua volta para casa. A estudiosa menciona que "para ler isto como uma resposta à questão de Hércules, o leitor precisa recontextualizá--lo, primeiro no interior da história de Eneias". (para quem Ílion era não apenas um ponto de partida, mas também sua terra natal) e, segundo, no interior da lenda da família juliana enquanto descendente de Eneias [...].[20] Isso permite pensar que Cláudio teria

---

[20] *Ibidem*, p. 97: *In order to read it as an answer to Hercules' question, the reader has to recontextualize it, first within the story of Aeneas (for whom Ilium was not only a point of departure but also a homeland) and secondly within the Julian family's legend of descent from Aeneas.* De Biasi comenta a existência de uma interpretação mais sutil segundo a qual os cícones eram famosos na antiguidade por seu vinho, com o qual Odisseu encheu seus navios e com o qual embebedou o ciclope Polifemo, e, portanto, esta citação homérica mostraria, de forma indireta e alusiva, o vício de Cláudio pela bebida, registrado por Suetônio (2009, p. 406, nota 17).

mais destreza em empregar as citações homéricas do que Hércules: "o filólogo marca pontos sobre o grego nativo no controle de um elemento cultural grego", pondera O'Gorman.[21] No entanto, como é típico da sátira menipeia, o narrador intervém neste ponto para rematar a citação de Cláudio (V, 4):

> O verso seguinte era, porém, mais verdadeiro e igualmente homérico:
> "Ali a cidade devastei, e a todos matei".

Na competição que se estabelece a respeito de "quem sabe mais de Homero", O'Gorman identifica três pontos que mostram a vitória do narrador sobre Cláudio: (1) a confirmação da referência: ele reconhece exatamente de onde vem a citação de Cláudio, e acrescenta o verso seguinte; (2) o narrador reforça a alusão: ele insiste na ligação alusiva entre Odisseu e Cláudio até o ponto em que passa a jogar contra Cláudio; (3) o narrador revela uma outra versão de como Cláudio chegou ao poder: a referência à devastação de uma cidade lembra o leitor de que Cláudio de fato chegou ao trono sobre os ombros da Guarda Pretoriana. Ao final do diálogo temos, portanto, uma situação em que Cláudio, apesar de erudito, é rebaixado pela habilidade do narrador em manusear as citações homéricas. A ênfase, conforme

---

[21] O'GORMAN, 2005, p. 97: *[...] the philologist scores points over the native Greek in control of a Greek cultural possession [...].*

destaca a estudiosa, está na "questão feita por Hércules que se torna, ao longo das respostas dadas, uma questão sobre como Cláudio chegou a ser imperador: por herança (legal), sugere Cláudio; por força (ilegal), sugere o narrador".[22]

Acresce, contudo, que Cláudio é desmascarado também pela deusa Febre, a única que o havia acompanhado até a entrada do Olimpo (e, parece aludir o narrador, talvez o tenha acompanhado ao longo da vida toda, uma vez que a historiografia relata que o imperador possuía uma saúde frágil). Não se valendo de alusão nem de citação, Febre denuncia sem rodeios que "Este aí [...] está contando pura lorota" (VI, 1). Sua versão da história é exposta em prosa e, além disso, dada a verdadeira origem de Cláudio, seria impossível usar os versos homéricos. Aliás, não só Cláudio é desmascarado, mas também a lerdeza de Hércules (VI, 1): "Tu, porém", lança-lhe na cara Febre, "que percorreste mais lugares do que qualquer arrieiro incansável, deves saber que há muitas milhas entre o Xanto e o Ródano".

Febre ainda faz uma outra declaração a respeito da origem de Cláudio, revelando que o imperador era um gaulês nativo e, por isso, "como devia fazer um galo, conquistou Roma" (VI, 1). Embora não se trate de uma citação explícita, Febre pode estar remetendo a um gênero específico, o da

---

[22] Idem, pp. 97-98: *[...] the question posed by Hercules has, in the course of the answers offered, become a question about how Claudius came to be emperor: by (legal) inheritance, alludes Claudius; by (illegal) force, alludes the narrator.*

historiografia (o que tornaria mais solene este trecho). Assim, Febre traz um evento histórico pontual (quando os gauleses capturaram Roma em 390 a.C.) para a conclusão segundo a qual, por este motivo, todos os gauleses em algum momento capturam Roma. Além disso, o retrato feito por Febre é coerente com o do narrador: seja ele um "gaulês" ou um "Odisseu", Cláudio está sempre destruindo a cidade de Roma.[23]

Na interpretação de O'Gorman, os versos homéricos empregados no diálogo entre Hércules e Cláudio visam a dar autoridade aos personagens, como eles próprios parecem crer; no entanto, as citações acabaram enfatizando a tolice da comparação entre o imperador e o herói trágico. Ademais, neste tipo de discurso a citação é usada como garantidora da verdade. Contudo, como a citação homérica "falha ao investir 'César' com a presença e autoridade que deveria proceder disso, assim a tolice de sua tentativa recai sobre a própria citação. 'Homero'", conclui a estudiosa, "torna-se desautorizado".[24]

O mesmo parece acontecer com o longo discurso de Augusto contra Cláudio no tribunal olímpico. Neste trecho, nota-se que Augusto retoma muito de sua obra *Res gestae*, mas, quando deve acusar

---

[23] *Idem*, pp. 99-100.
[24] *Idem*, p. 101: *As the Homeric tag fails to invest "Caesar" with the presence and authority that he intended to derive from it, so the inanity of his attempt rebounds upon the quotation itself. "Homer" becomes de-authorized.*

Cláudio, afirma não encontrar palavras para tanto e por isso recorre à eloquência de Messala Corvino (X, 3): "tenho vergonha do poder". Assim, quando Augusto precisa dizer o que realmente pretende dizer, serve-se das palavras de Messala Corvino, dissidente do *princeps*, e são palavras que condenam o próprio poder augustano. Mais uma vez, constata O'Gorman, a citação incrimina o citador.[25]

Pelo exposto, nota-se que a *Abobrificação*, em muitos momentos, fala pela boca de outros. Em latim, pode-se dizer que é uma obra de *pro uerbis*, ou seja, provérbios, que significa literalmente "em lugar das palavras". Este é mais um motivo pelo qual a leitura deste opúsculo desperta a atenção dos leitores e estudiosos. Ademais, dois outros motivos incitam a leitura da *Abobrificação*: razões históricas, uma vez que constitui crônica complexa dos acontecimentos da época que pode auxiliar na compreensão do presente; e razões literárias, uma vez que se insere e dialoga com a tradição menipeia e, pertencendo a esse gênero, inclui e manipula os discursos historiográfico, trágico, jurídico, cômico, entre outros.

---

[25] *Idem*, p. 105.

Referências bibliográficas

ADAMS, G. W. *The Roman Emperor Gaius "Caligula" and His Hellenistic Aspirations*. Irvine: Universal Publishers, 2007.

CARDOSO, Zelia de Almeida. "Introdução". *In*: SÊNECA, Lúcio Aneu Sêneca. *Tragédias*. Trad. Zélia de Almeida Cardoso. São Paulo: Martins Fontes, 2014. p. VII-XIX.

CONTE, Gian Biagio. *The latin literature*. Baltimore: Johns Hopkins, 1999.

DE BIASI, Luciano. *Apocolocyntosis* [introdução e notas]. *In*: SENECA, Lucio Anneo. *La Clemenza – Apocolocyntosis – Epigrammi – Frammenti*. Org., texto e trad. Luciano De Biasi, Anna Maria Ferrero, Ermanno Malaspina e Dionigi Vottero. Torino: UTET, 2009. p. 301-477.

EDEN, P. T. (org.). *Seneca: Apocolocyntosis*. Cambridge: Cambridge Greek and Latin Classics, 1984.

FREUDENBURG, Kirk. "Introduction: Roman satire". *In*: FREUDENBURG, Kirk (org.). *The Cambridge Companion to Roman Satire*. Cambridge: CUP, 2005. p. 1-30.

FREUDENBURG, Kirk. "Seneca's Apocolocyntosis: censors in the afterworld". In: BARTSCH, Shadi; SCHIESARO, Alessandro. *The Cambridge Companion to Seneca*. New York: Cambridge University Press, 2015. p. 93-105.

HELLER, J. L. "The meaning of κολοκύντη". *Illinois Classical Studies*, Illinois, v. 10, n. 1, 1985, p. 67-117.

HOYOS, Dexter. "Gourd God! The Meaning of Apocolocyntosis". *Liverpool Classical Monthly*, Liverpool, v. 16, n. 1, 1991, p. 68-70.

LEONI, Giulio David. "Introdução". *In*: SÊNECA, Lúcio Aneu. *Medeia* — obras de Sêneca. Trad. G. D. Leoni. Rio de Janeiro: Ediouro, [1993].

O'GORMAN, Ellen. "Citation and authority in Seneca's Apocolocyntosis". *In*: FREUDENBURG, Kirk (org.). The Cambridge Companion to Roman Satire. Cambridge: Cambridge University Press, 2005. p. 95-108.

OXFORD Latin Dictionary. Ed. P. G. W. Glare. Oxford: Oxford University Press, 1968.

REGO, Enylton de Sá. "Sêneca e a Apocolocintose". In: REGO, Enylton de Sá. O Calundu e a Panacéia. Rio de Janeiro: Forense Universitária, 1989. p. 37-42.

RONCALI, Renata. "Introduzione". In: SENECA. L'apoteosi negata [Apokolokyntosis]. Veneza: Marsilio, 1990.

TOVAR, Rosario Cortés. *Teoría de la sátira*. Cáceres: Univesidad de Extremadura, 1986.

ABOBRIFICAÇÃO
DO DIVO CLÁUDIO

L. ANNAEI SENECAE
APOCOLOCYNTOSIS DIVI CLAVDII

[I, 1] Quid actum sit in caelo ante diem III idus Octobris anno novo, initio saeculi felicissimi, volo memoriae tradere. Nihil nec offensae nec gratiae dabitur. Haec ita vera. Si quis quaesiverit unde sciam, primum, si noluero, non respondebo. Quis coacturus est? Ego scio me liberum factum, ex quo suum diem obiit ille, qui verum proverbium fecerat, aut regem aut fatuum nasci oportere.

[2] Si libuerit respondere, dicam quod mihi in buccam venerit. Quis unquam ab historico iuratores exegit? Tamen si necesse fuerit auctorem producere, quaerito ab eo qui Drusillam euntem in caelum vidit: idem Claudium vidisse se dicet iter facientem "non passibus aequis." Velit nolit, necesse est illi omnia videre, quae in caelo aguntur: Appiae viae curator est, qua scis et divum Augustum et Tiberium Caesarem ad deos isse.

ABOBRIFICAÇÃO DO DIVO CLÁUDIO, DE LÚCIO ANEU SÊNECA

[I, 1] O que aconteceu no céu na antevéspera dos idos de outubro de um novo ano, início da mais feliz das eras, à memória quero trazer. Não se fará nenhuma ofensa ou elogio. Esta, portanto, é a verdade; se alguém perguntar de onde eu sei, primeiro, se eu não quiser, não responderei. Quem há de ser coagido? Eu sei que me tornei livre, desde quando acabou seus dias aquele que tornou verdadeiro o provérbio: ou se nasce rei ou tolo.

[2] Se eu desejar responder, direi aquilo que me der na telha. Quem jamais exigiu testemunhas de um historiador? Todavia, se for necessário apresentar uma autoridade, pergunta àquele que viu Drusila indo ao céu:[1] ele mesmo dirá ter visto Cláudio fazendo o caminho "com passos desiguais".[2] Queira ou não queira, é necessário que ele veja tudo o que se passa no céu: é o zelador da via Ápia, por onde — como sabes — tanto o divo Augusto como Tibério César foram até os deuses.

---

[1] Sêneca não diz abertamente de quem se trata, mas Dião Cássio (*Hist. Rom.*, LIX, 11) afirma ser Lívio Gemínio, *curator* ("zelador") da via Ápia. O fato de ter jurado no senado que havia visto a "apoteose" de Drusila, irmã e amante de Calígula, lhe rendeu 250.000 denários.
[2] VIRGÍLIO. *Eneida*, II, 724.

[3] Hunc si interrogaveris, soli narrabit: coram pluribus nunquam verbum faciet. Nam ex quo in senatu iuravit se Drusillam vidisse caelum ascendentem et illi pro tam bono nuntio nemo credidit, quod viderit, verbis conceptis affirmavit se non indicaturum, etiam si in medio foro hominem occisum vidisset. Ab hoc ego quaecumque audivi certa clara affero, ita illum salvum et felicem habeam.

[II, 1] Iam Phoebus breviore via contraxerat ortum
    lucis et obscuri crescebant tempora Somni,
    iamque suum victrix augebat Cynthia regnum
    et deformis hiemps gratos carpebat honores
    divitis Autumni iussoque senescere Baccho   5
    carpebat raras serus vindemitor uvas.

[2] Puto magis intellegi si dixero: mensis erat October, dies III idus Octobris. Horam non possum certam tibi dicere: facilius inter philosophos quam inter horologia conveniet: tamen inter sextam et septimam erat.

[3] "Nimis rustice. [Adeo non] adquiescunt omnes poetae, non contenti ortus et occasus describere, ut etiam medium diem inquietent: tu sic transibis horam tam bonam?".

[3] Se o interrogares, contará a ti somente: na presença de muitos, jamais abrirá a boca. Pois, desde que jurou no senado ter visto Drusila ascender ao céu e em troca de uma notícia tão bela ninguém acreditou nele, com palavras arrebatadas afirmou que não indicaria o que havia visto, ainda que tivesse visto um homem ser morto no meio do fórum. A partir disso, as coisas que eu ouvi, trago-as agora certas e claras; e assim almejo que ele esteja são e salvo.

[II, 1] Já Febo abreviando a via cortara o orto
da luz e dilatava-se o soturno Sono;
já Cíntia a vencedora ampliava seu reino,[3]
e o Inverno disforme colhia os presentes
do rico Outono e, Baco posto a envelhecer,   5
colhia as raras uvas o vindimador.

[2] Acho que iam me entender melhor se eu dissesse: o mês era outubro, o dia 13 de outubro. A hora certa não consigo te dizer: é mais fácil que os filósofos entrem em acordo do que os relógios; mesmo assim, era entre a hora sexta e a sétima.[4]

[3] "Mas que tosco! Todos os poetas só se aquietam, não contentes em descrever o amanhecer e o anoitecer, se inquietam até o meio-dia: tu deixarás assim passar uma hora tão bela?".

---

[3] Cíntia é referência ao monte Cinto, na ilha de Delos, onde teria nascido Diana, a Lua.
[4] Ou seja, entre meio-dia e uma hora da tarde.

[4] Iam medium curru Phoebus diviserat orbem
et propior nocti fessas quatiebat habenas
obliquo flexam deducens tramite lucem.

[III, 1] Claudius animam agere coepit nec invenire exitum poterat. Tum Mercurius, qui semper ingenio eius delectatus esset, unam e tribus Parcis seducit et ait: "Quid, femina crudelissima, hominem miserum torqueri pateris? Nec unquam tam diu cruciatus [c]esset? Annus sexagesimus et quartus est, ex quo cum anima luctatur. Quid huic et rei publicae invides?

[2] Patere mathematicos aliquando verum dicere, qui illum, ex quo princeps factus est, omnibus annis, omnibus mensibus efferunt. Et tamen non est mirum si errant et horam eius nemo novit: nemo enim unquam illum natum putavit. Fac quod faciendum est:

dede neci, melior vacua sine regnet in aula."

[3] Sed Clotho "Ego mehercules" inquit "pusillum temporis adicere illi volebam, dum hos pauculos

[4] Já no carro passara Febo o meio do orbe
e quase noite as rédeas lassas agitava
trazendo por oblíqua senda a luz minguante.

[III, 1] Cláudio começou a encilhar a alma, mas não era capaz de encontrar a saída. Então Mercúrio, que sempre se deleitava com o talento dele, chamou à parte uma das três Parcas[5] e disse: "Por que, crudelíssima mulher, consentes que o miserável homem seja torturado? Jamais, depois de tanto tempo atormentado, descansará? É o sexagésimo quarto ano em que luta com a alma. Por que negas isso a ele e à república?

[2] Consente que os astrólogos digam ao menos uma vez a verdade, eles que, desde que foi feito imperador, todos os anos, todos os meses, tentam sepultá-lo. Não é, porém, de se admirar se eles erram e ninguém sabe a hora da sua morte; ninguém, de fato, nunca cogitou que ele tivesse sequer nascido. Faz o que deve ser feito:

Dá-lhe à morte, permite rei melhor no trono."[6]

[3] Mas Cloto: "Eu, por Hércules", diz, "desejava aumentar um tantinho o tempo dele, pra que en-

---

[5] As Parcas são divindades romanas responsáveis por fiar o destino dos humanos, identificadas com as Moiras gregas. São três: Átropo, que fia o fio da vida, Cloto, que o enrola, e Láquesis, que o corta.
[6] VIRGÍLIO. *Geórgicas*, IV, 90.

qui supersunt civitate donaret — constituerat enim omnes Graecos, Gallos, Hispanos, Britannos togatos videre —, sed quoniam placet aliquos peregrinos in semen relinqui et tu ita iubes fieri, fiat."

[4] Aperit tum capsulam et tres fusos profert: unus erat Augurini, alter Babae, tertius Claudii. "Hos" inquit "tres uno anno exiguis intervallis temporum divisos mori iubebo, nec illum incomitatum dimittam. Non oportet enim eum, qui modo se tot milia hominum sequentia videbat, tot praecedentia, tot circumfusa, subito solum destitui. Contentus erit his interim convictoribus."

[IV, 1] Haec ait et turpi convolvens stamina fuso
    abrupit stolidae regalia tempora vitae.
    At Lachesis redimita comas, ornata capillos,
    Pieria crinem lauro frontemque coronans,
    candida de niveo subtemina vellere sumit   5
    felici moderanda manu, quae ducta colorem
    assumpsere novum. Mirantur pensa sorores:
    mutatur vilis pretioso lana metallo,
    aurea formoso descendunt saecula filo.

quanto isso ele desse cidadania aos pouquinhos que restam (pois decidira ver todos togados: gregos, galos, hispanos e britânicos); mas convém que alguns forasteiros sejam deixados como semente, e, como tu ordenas que seja feito, faça-se."

[4] Abre, então, um recipiente e pega três fusos: um era de Augurino, outro de Baba e o terceiro de Cláudio. "Ordenarei", diz, "que esses três morram dentro de um ano, separados por breve intervalo de tempo; não o enviarei desacompanhado. Pois não convém que ele, que até há pouco se via com tantos milhares de homens que o seguiam, tantos que o precediam, tantos que o rodeavam, subitamente seja deixado sozinho por mim. Nesse meio tempo, ficará contente com esses convivas."

[IV, 1][7] Isso diz e, envolvendo o estame ao torpe fuso,
rompeu os régios tempos duma tola vida.
Mas Láquesis, a coma adornada e os cabelos,
com piério louro a fronte, as mechas coroando,
os cândidos estambres da lã nívea puxa,　　　5
operando-os mãos faustas, que extraídos cor
assumem nova. Admira às irmãs a fiadura:
muda-se a vulgar lã em precioso metal,
áureos procedem séculos do belo fio.

---

[7] Este poema parece mimetizar o ato de tecer os fios da vida, retomando os mesmos vocábulos, como quem dá nós ao costurar um tecido. Cf. HEISE, QUERIQUELLI, MANGINI, "'Convolvens stamina fuso': a tessitura dos fios da vida na *Apocolocyntosis* de Sêneca", *Codex* – Revista de Estudos Clássicos, v. 9, n. 2, 2021, pp. 69-86.

Nec modus est illis: felicia vellera ducunt 10
et gaudent implere manus: sunt dulcia pensa.
Sponte sua festinat opus nulloque labore
mollia contorto descendunt stamina fuso.
Vincunt Tithoni, vincunt et Nestoris annos.
Phoebus adest cantuque iuvat gaudetque futuris 15
et laetus nunc plectra movet, nunc pensa ministrat:
detinet intentas cantu fallitque laborem.
Dumque nimis citharam fraternaque carmina laudant,
plus solito nevere manus humanaque fata
laudatum transcendit opus. "Ne demite, Parcae" 20
Phoebus ait "vincat mortalis tempora vitae
ille mihi similis vultu similisque decore
nec cantu nec voce minor. Felicia lassis
saecula praestabit legumque silentia rumpet.
Qualis discutiens fugientia Lucifer astra 25
aut qualis surgit redeuntibus Hesperus astris,
qualis, cum primum tenebris Aurora solutis
induxit rubicunda diem, Sol aspicit orbem
lucidus et primos a carcere concitat axes:
talis Caesar adest, talem iam Roma Neronem 30
aspiciet. Flagrat nitidus fulgore remisso
vultus et adfuso cervix formosa capillo."

[2] Haec Apollo. At Lachesis, quae et ipsa homini formosissimo faveret, fecit illud plena manu et Neroni multos annos de suo donat. Claudium autem iubent omnes

Nem sabem comedir-se: as lãs faustas extraem 10
e alegram-se de encher as mãos — doce fiadura!
Por vontade se apressa, e sem nenhum labor
moles vão do torcido fuso procedendo.
Vencem Titão em anos e vencem Nestor.
Febo, co canto, vem ajudar e alegrar-se 15
com o futuro: ou move o plectro ou a fiadura.
Ficam atentas co canto, que engana a fadiga.
Louvando muito a cítara e os carmes fraternos,
filaram mais que sói as mãos, e ao fado humano
louvada transcende obra. "Não corteis, ó Parcas", 20
Febo diz, "vença o tempo mortal da vida ele,
a mim símil no aspecto, símil na beleza,
e não menor no canto nem na voz. Aos lassos
faustas eras dará e as leis não calará.
Como dispersa Lúcifer[8] fugidios astros, 25
ou como Héspero surge ao retorno dos astros,
como Aurora, solvidas as trevas, primeiro
trouxe o dia rubicunda, e o Sol reluzente olha
o orbe, e concita as rodas a sair das grades:
está vindo assim César, assim Roma a Nero 30
olhará. Brilha nítido, com fulgor suave,
o rosto, e a coma bela ao pescoço difusa."

[2] Assim Apolo. Mas Láquesis, a qual buscava ela
mesma favorecer o homem mais formoso, fez isso
de boa vontade e, de sua parte, a Nero doa muitos
anos. Quanto a Cláudio, porém, ordenam que todos

---

[8] A estrela da manhã, ou estrela d'alva. Héspero, no verso inferior, indica a estrela da noite.

χαίροντας εὐφημοῦντας ἐκπέμπειν δόμων.

Et ille quidem animam ebulliit, et ex eo desiit vivere videri. Expiravit autem dum comoedos audit, ut scias me non sine causa illos timere.

[3] Ultima vox eius haec inter homines audita est, cum maiorem sonitum emisisset illa parte qua facilius loquebatur: "Vae me, puto, concacavi me." Quod an fecerit, nescio: omnia certe concacavit.

[V, 1] Quae in terris postea sint acta supervacuum est referre. Scitis enim optime, nec periculum est ne excidant quae memoriae gaudium publicum impresserit: nemo felicitatis suae obliviscitur. In caelo quae acta sint audite: fides penes auctorem erit.

[2] Nuntiatur Iovi venisse quendam bonae staturae, bene canum; nescio quid illum minari, assidue enim caput movere; pedem dextrum trahere. Quaesisse se cuius nationis esset: respondisse nescio quid perturbato sono et voce confusa; non intellegere se linguam eius: nec Graecum esse nec Romanum nec ullius gentis notae.

χαίροντας, εὐφημοῦντας ἐκπέμπειν δόμων.⁹

E ele esbaforiu sua alma e, desde então, deixou de parecer vivo. Expirou enquanto ouvia comediantes — agora sabes que eu não os temo sem razão.

[3] O último som dele ouvido entre os homens, tendo emitido um baita ruído por aquela parte com que falava mais facilmente, foi: "Ai de mim, acho que me caguei todo." Se fez isso ou não, não sei: o certo é que cagou tudo.

[V, 1] O que na terra aconteceu depois disso, é supérfluo narrar. Pois vocês o sabem muito bem, e não há perigo de que se esvaiam aquelas coisas que a alegria popular imprimiu na memória: ninguém esquece a própria felicidade. Quanto ao que aconteceu no céu, ouçam: a garantia estará a cargo daquela autoridade.

[2] Anuncia-se a Júpiter que chegou alguém de boa estatura, bem grisalho; ameaça não sei o quê, pois move continuamente a cabeça; arrasta o pé direito. Foi-lhe perguntado de que nação era, e respondeu não sei o quê com um ruído conturbado e um som confuso. Não se entende a sua língua: não é grego nem romano, nem de qualquer povo conhecido.

---

⁹ "Ledos, contentes levem-no para fora de casa". (EURÍPIDES. *Cresfontes*. 67.4 Austin)

[3] Tum Iuppiter Herculem, qui totum orbem terrarum pererraverat et nosse videbatur omnes nationes, iubet ire et explorare quorum hominum esset. Tum Hercules primo aspectu sane perturbatus est, ut qui etiam non omnia monstra timuerit. Ut vidit novi generis faciem, insolitum incessum, vocem nullius terrestris animalis sed qualis esse marinis beluis solet, raucam et implicatam, putavit sibi tertium decimum laborem venisse.

[4] Diligentius intuenti visus est quasi homo. Accessit itaque et, quod facillimum fuit Graeculo, ait:

"τίς πόθεν εἰς ἀνδρῶν, ποίη πόλις ἠδὲ τοκῆες;"

Claudius gaudet esse illic philologos homines: sperat futurum aliquem Historiis suis locum. Itaque et ipse Homerico versu Caesarem se esse significans ait:

"Ἰλιόθεν με φέρων ἄνεμος Κικόνεσσι πέλασσεν."

— Erat autem sequens versus verior, aeque Homericus:

[3] Então Júpiter manda Hércules, que já tinha percorrido todo o orbe terrestre e parecia conhecer todas as nações, ir e averiguar que tipo de homem era. Então Hércules, à primeira vista, ficou todo perturbado, como quem ainda não tivesse se espantado com todos os monstros. Assim que viu o rosto de gênero estranho, o andar incomum, o som da voz que não era de nenhum animal terrestre, mas o que costuma ter uma besta marinha, rouco e enrolado, pensou que tinha chegado seu décimo terceiro trabalho.

[4] Olhando com mais cuidado, pareceu um quase-homem. Assim, se aproximou e, coisa muito fácil para um greguinho, disse:

"τίς πόθεν εἰς ἀνδρῶν, ποίη πόλις ἠδὲ τοκῆες;"[10]

Cláudio se alegra por haver ali homens letrados e cria a esperança de que deverá ter algum lugar para suas histórias. Assim também ele, com um verso homérico, dando a entender que era um César, disse:

"'Ιλιόθεν με φέρων ἄνεμος Κικόνεσσι πέλασσεν."[11]

O verso seguinte era, porém, mais verdadeiro e igualmente homérico:

---

[10] "Quem és, qual teu povo, tua cidade e teus pais?" (*Odisseia*, I, 170; X. 325; XIV, 187; XV, 264; XIX, 105; XXIV, 298).
[11] "Trazendo-me de Ílio, o vento me levou aos cícones" (*Odisseia*, IX, 39).

ἔνθα δ' ἐγὼ πόλιν ἔπραθον, ὤλεσα δ' αὐτούς.

[VI, 1] Et imposuerat Herculi minime vafro, nisi fuisset illic Febris, quae fano suo relicto sola cum illo venerat: ceteros omnes deos Romae reliquerat. "Iste" inquit "mera mendacia narrat. Ego tibi dico, quae cum illo tot annis vixi: Luguduni natus est, Marci municipem vides. Quod tibi narro, ad sextum decimum lapidem natus est a Vienna, Gallus germanus. Itaque quod Gallum facere oportebat, Romam cepit. Hunc ego tibi recipio Luguduni natum ubi Licinus multis annis regnavit. Tu autem, qui plura loca calcasti quam ullus mulio perpetuarius, [Lugudunenses] scire debes multa milia inter Xanthum et Rhodanum interesse."

[2] Excandescit hoc loco Claudius et quanto potest murmure irascitur. Quid diceret nemo intellegebat. Ille autem Febrim duci iubebat illo gestu solutae manus, et ad hoc unum satis firmae, quo decollare homines solebat. Iusserat illi collum praecidi: putares omnes illius esse libertos, adeo illum nemo curabat.

ἔνθα δ' ἐγὼ πόλιν ἔπραθον, ὤλεσα δ' αὐτούς.¹²

[VI, 1] E teria enganado Hércules, por nada malandro, se não estivesse ali a Febre, que havia deixado seu templo e vindo sozinha com ele; todos os outros deuses em Roma havia deixado. "Este aí", diz, "está contando pura lorota. Eu te digo, eu que vivi com ele tantos anos: nasceu em Lion, estás vendo um conterrâneo de Marco.¹³ É o que te conto, ele nasceu a dezesseis milhas de Vienne, um galo germano. Assim, como devia fazer um galo, conquistou Roma. Eu te garanto que nasceu em Lion, onde Licino reinou por muitos anos.¹⁴ Tu, porém, que percorreste mais lugares do que qualquer arrieiro incansável, deves saber que há muitas milhas entre o Xanto e o Ródano".¹⁵

[2] Neste ponto Cláudio pega fogo e fica nervoso grunhindo o quanto pode. O que dizia ninguém compreendia. Ele ordenava que a Febre fosse levada embora, com aquele gesto da mão frouxa, mas firme o bastante só para isto, com o qual costumava degolar as pessoas. Ordenara que o pescoço dela fosse cortado. Poderias pensar que todos eles fossem libertos, tanto que ninguém lhe dava atenção.

---

[12] "Ali a cidade devastei, e a todos matei" (*Odisseia*, IX, 40).
[13] Trata-se provavelmente de Marco Antônio, triúnviro com Otaviano e Lépido após o assassinato de Júlio César.
[14] Licino era gaulês de nascimento, escravo e depois liberto de César, governante corrupto que se enriqueceu tanto a ponto de se tornar figura proverbial de um enriquecido.
[15] Xanto e Ródano são os rios que atravessam Troia e Lion, respectivamente.

[VII, 1] Tum Hercules "Audi me" inquit "tu desine fatuari. Venisti huc, ubi mures ferrum rodunt. Citius mihi verum, ne tibi alogias excutiam." Et quo terribilior esset, tragicus fit et ait:

[2] "Exprome propere sede qua genitus cluas,
   hoc ne peremptus stipite ad terram accidas:
   haec clava reges saepe mactavit feros.
   Quid nunc profatu vocis incerto sonas?
   Quae patria, quae gens mobile eduxit caput?   5
   Edissere. Equidem regna tergemini petens
   longinqua regis, unde ab Hesperio mari
   Inachiam ad urbem nobile advexi pecus,
   vidi duobus imminens fluviis iugum,
   quod Phoebus ortu semper obverso videt,   10
   ubi Rhodanus ingens amne praerapido fluit
   Ararque, dubitans quo suos cursus agat,
   tacitus quietis adluit ripas vadis.
   Estne illa tellus spiritus altrix tui?".

[3] Haec satis animose et fortiter, nihilo minus mentis suae non est et timet μωροῦ πληγήν. Claudius ut vidit virum valentem, oblitus nugarum, intellexit

[VII, 1] Então Hércules: "Ouve-me", diz, "deixa de tolice. Vieste aqui, onde os ratos roem o ferro.[16] Depressa, diz-me a verdade, se não queres que eu arranque de ti as tuas alogias." E, para que ficasse mais terrível, torna-se um trágico e diz:

[2] "Expõe logo em que sede és noto em ter nascido,
ou, por este bastão, tu cairás sobre a terra;
esta clava imolou muitas vezes reis feros.
Por que agora proferes sons como cuspisses?
Que raça ou pátria a instável cabeça expeliu?   5
Explica. Quanto a mim, buscando os reinos longes
do rei triforme,[17] donde eu levei a rês nobre,
do mar hespério até a cidade de Ínaco,
vi perto de dois rios proeminente um jugo
que Febo sempre vê diante do seu orto,   10
onde o Ródano ingente em corrente flui rápido,
e o Arar, sobre o rumo do seu curso incerto,
tácito banha as margens com tranquilas águas.
Acaso é esta terra a altriz do teu espírito?".

[3] Isso diz com bastante ânimo e força; todavia não está em seu juízo e teme o μωροῦ πληγήν.[18] Cláudio, quando viu o varão vigoroso, tendo abandonado as

---

[16] Provérbio latino para indicar um lugar onde ninguém tem medo. Equivalente ao provérbio em português "onde os fracos não têm vez".
[17] Gerião, gigante com três cabeças e corpo tripartido até os flancos. Hércules teve que matá-lo para transportar um rebanho de bois da ilha de Erítia, no golfo de Cádis, até Micenas, identificada aqui pelo epíteto de cidade de Ínaco, rio da Argólida. Referência a um dos doze trabalhos de Hércules.
[18] "O golpe do idiota", paródia de expressão recorrente na tragédia grega, "golpe do deus", que indica uma desgraça repentina.

neminem sibi Romae parem fuisse, illic non habere se idem gratiae: gallum in suo sterquilino plurimum posse.

[4] Itaque, quantum intellegi potuit, haec visus est dicere: "Ego te, fortissime deorum Hercule, speravi mihi adfuturum apud alios, et si qui a me notorem petisset, te fui nominaturus, qui me optime nosti. Nam, si memoria repetis, ego eram qui Tib[ur]i ante templum tuum ius dicebam totis diebus mense Iulio et Augusto.

[5] Tu scis quantum illic miseriarum [ego] tulerim, cum causidicos audirem diem et noctem. In quod si incidisses, valde fortis licet tibi videaris, maluisses cloacas Augeae purgare: multo plus ego stercoris exhausi. Sed quoniam volo ..."

[lacuna]

[VIII, 1] "... non mirum quod in curiam impetum fecisti: nihil tibi clausi est. Modo dic nobis qualem deum istum fieri velis. Ἐπικούρειος θεὸς non potest

ninharias, compreendeu que, se em Roma ninguém tinha sido igual a ele, ali ele não teria estima: um galo pode muito em sua esterqueira.[19]

[4] E assim, do quanto pôde ser compreendido, parece que estas coisas disse: "Eu de ti, Hércules, o mais forte entre os deuses, esperei que me ajudarias diante dos outros; e, se alguém me pedisse um fiador, teria nomeado a ti, que me conheces muito bem. Pois, se buscares na memória, era eu que, em Tívoli, ficava diante do teu templo e ditava a justiça dias inteiros nos meses de julho e agosto.[20]

[5] Tu sabes quantas misérias eu ali suportava, quando ouvia os causídicos dia e noite. Se tivesse sobrado para ti, ainda que creias ser muito forte, preferirias limpar os esgotos de Áugias:[21] muito mais esterco eu removi. Mas já que quero..."

[lacuna]

[VIII, 1] "... não admira que irrompeste na cúria: nada está fechado para ti. Agora nos diz que tipo de deus queres que este aí seja. Ἐπικούρειος θεὸς[22]

[19] Equivalente ao provérbio em português "muito pode o galo em seu terreiro".
[20] Nos meses de julho e agosto, os mais quentes do ano no hemisfério norte, as atividades dos tribunais entravam de férias, e os imperadores se dirigiam para cidades termais, como Tívoli, mas Cláudio, mesmo assim, não deixava de administrar a sua justiça.
[21] Referência a outro dos doze trabalhos de Hércules: limpar os estábulos de Áugias, rei da Élida, no Peloponeso, sujos com estrumes de três mil bois por trinta anos.
[22] "Um deus epicurista".

esse: οὔτε αὐτὸς πρᾶγμα ἔχει οὔτε ἄλλοις παρέχει. Stoicus? Quomodo potest 'rotundus' esse, ut ait Varro, 'sine capite, sine praeputio'? Est aliquid in illo Stoici dei, iam video: nec cor nec caput habet.

[2] Si mehercules a Saturno petisset hoc beneficium, cuius mensem toto anno celebravit Saturnalicius princeps, non tulisset. Illum deum ab Iove, quem, quantum quidem in illo fuit, damnavit incesti? Silanum enim generum suum occidit. Oro, per [quid]? Quod sororem suam, festivissimam omnium puellarum, quam omnes Venerem vocarent, maluit Iunonem vocare.

[3] 'Quare' inquit 'quaero enim, sororem suam?'. Stulte, stude. Athenis dimidium licet, Alexandriae totum. Quia Romae, inquis, 'mures molas lingunt,'

não pode ser: οὔτε αὐτὸς πρᾶγμα ἔχει οὔτε ἄλλοις παρέχει.²³ Estoico? De que modo pode ser 'redondo', como diz Varrão, 'sem cabeça, sem prepúcio?'²⁴ Há algo de deus estoico nele, já estou vendo: nem coração nem cabeça tem.

[2] Se, por Hércules, tivesse pedido este favor a Saturno, cujo mês ele, príncipe saturnalesco, celebrava o ano todo, não o teria obtido. Será ele feito um deus por Júpiter, a quem, na medida de suas forças, condenou por incesto? A Silano, seu genro, matou. Pergunto, por quê? Porque a sua irmã, a mais graciosa de todas as meninas, que todos chamavam Vênus, preferiu chamá-la Juno.²⁵

[3] Ele diz: 'Quero saber, por que sua irmã?' Estúpido, estuda. Em Atenas se permite pela metade, em Alexandria por inteiro.²⁶ 'Por que em Roma' se diz

---

²³ "Ele mesmo não tem preocupação nem a dá a outros". Essa frase grega é a definição do deus epicurista dada pelo próprio Epicuro, segundo se lê nas *Vidas e doutrinas dos filósofos ilustres* de Diógenes Laércio (X, 139).
²⁴ Definição do deus estoico, identificado com o universo (o panteísmo), já naquela época sabidamente redondo, sem atributos humanos ("sem cabeça, sem prepúcio"). A fonte de Sêneca, conforme ele mesmo diz, é Varrão, cuja citação provavelmente é tirada de uma sua sátira menipeia.
²⁵ Lúcio Júnio Silano Torquato era noivo de Otávia, filha de Cláudio, mas Agripina queria que ela se casasse com seu filho, Nero. O censor Lúcio Vitélio, instigado por Agripina, acusou Silano de incesto com a irmã Júnia Calvina, o que o levou ao suicídio no mesmo dia do casamento entre Cláudio e Agripina. Calvina era famosa pela beleza, por isso chamada de Vênus, mas devia ser comparada a Juno, que havia cometido incesto ao se casar com o irmão Júpiter. Deste modo, a acusação de incesto é válida até mesmo para Júpiter.
²⁶ Em Atenas era permitido o casamento entre irmão e irmã apenas por parte do pai ("pela metade"), enquanto no Egito (Alexandria) era permitido o casamento também entre irmão e irmã nascidos de uma mesma mãe ("por inteiro").

hic nobis curva corrigit? Quid in cubiculo suo faciat nescio, et iam 'caeli scrutatur plagas'. Deus fieri vult: parum est quod templum in Britannia habet, quod hunc barbari colunt et [ut deum] orant μωροῦ εὐιλάτου τυχεῖν!".

[IX, 1] Tandem Iovi venit in mentem, privatis intra curiam morantibus [non licere] sententiam dicere nec disputare. "Ego" inquit "p. c., interrogare vobis permiseram, vos mera mapalia fecistis. Volo ut servetis disciplinam curiae. Hic qualiscunque est, quid de nobis existimabit?".

[2] Illo dimisso primus interrogatur sententiam Ianus pater. Is designatus erat in kal. Iulias postmeridianus consul, homo, quantum via sua fert, qui semper videt ἄμα πρόσσω καὶ ὀπίσσω. Is multa

'os ratos lambem até a mó'.²⁷ Ele há de endireitar as coisas tortas? O que faça em seu quarto, desconheço, e já 'perscruta as plagas do céu.'²⁸ Um deus quer se tornar: não basta que ele tenha um templo na Britânia,²⁹ que bárbaros o venerem como um deus e orem μωροῦ εὐιλάτου τυχεῖν!".³⁰

[IX, 1] Por fim vem à mente de Júpiter que, havendo cidadãos comuns dentro da cúria, não é lícito emitir um parecer nem debater. "Eu", diz, "pais conscritos, permitira a vós pôr questões, e vós fizestes uma verdadeira balbúrdia. Quero que preserveis a disciplina da cúria. Este aí, quem quer que seja, o que pensará de nós?".

[2] Tendo ele saído, o primeiro a ser interrogado sobre seu parecer é o pai Jano.³¹ Ele tinha sido designado cônsul da tarde nas calendas de julho, um homem que, o quanto alcança a sua via,³² sempre

---

²⁷ Provérbio latino equivalente a "o que vier a gente traça".
²⁸ Citação de parte de um verso da peça *Ifigênia*, de Ênio (frg. 244 Vahlen).
²⁹ De acordo com Tácito (*Ann.*, XIV, 31), um templo havia sido erguido a Cláudio em Camulodunum (atualmente Colchester, na Inglaterra).
³⁰ "Para ter a benevolência do idiota". Fórmula grega de oração, com a usual substituição de "deus" por "idiota" (cf. nota 18).
³¹ Jano é um dos mais antigos deuses do panteão romano, por isso "pai Jano". Sua cabeça bifronte representava o início e o fim (Janeiro deriva de seu nome), portas e passagens ("janela" provavelmente é um diminutivo de *ianŭa, ae*, "porta"). A discussão a respeito da divinização ou não de Cláudio ocorre no Olimpo de acordo com a prática do senado romano. Por isso, três *patres* vão emitir seus pareceres (*sententiae*): primeiro, Jano; segundo, Diéspiter (outro deus da antiguidade romana, associado ao dia e à luz); terceiro, Augusto (o primeiro imperador romano e o primeiro a se autodivinizar). Após o último ter falado e proposto a pena, os "senadores" que estavam de acordo ficavam em pé.
³² De acordo com comentadores da obra, havia um templo dedicado a Jano dentro do fórum, e sua estátua ficava numa encruzilhada, logo, "sua via" era curta.

diserte, qui in foro vivat, dixit, quae notarius persequi non potuit et ideo non refero, ne aliis verbis ponam quae ab illo dicta sunt.

[3] Multa dixit de magnitudine deorum: non debere hunc vulgo dari honorem. "Olim" inquit "magna res erat deum fieri: iam Fabam mimum fecisti. Itaque ne videar in personam, non in rem dicere sententiam, censeo ne quis post hunc diem deus fiat ex his qui ἀρούρης καρπὸν ἔδουσιν aut ex his quos alit ζείδωρος ἄρουρα. Qui contra hoc senatus consultum deus factus dictus pictusve erit, eum dedi larvis et proximo munere inter novos auctoratos ferulis vapulare placet."

[4] Proximus interrogatur sententiam Diespiter Vicae Potae filius, et ipse designatus consul, nummariolus. Hoc quaestu se sustinebat: vendere

vê ἅμα πρόσσω καὶ ὀπίσσω.³³ Ele, porque vive no fórum, disse com eloquência muitas coisas, as quais o escrivão não conseguiu acompanhar, e que portanto não relato aqui, para não acrescentar outras palavras às que por ele foram ditas.

[3] Disse muitas coisas sobre a grandeza dos deuses: não se deve dar essa honra a qualquer um. "Um tempo", falou, "era grande coisa tornar-se um deus: agora fizeste disso o mimo da Fava.³⁴ Assim, para que não pensem que eu emito o parecer julgando a pessoa e não a coisa, recomendo que a partir deste dia não se torne deus ninguém entre os que ἀρούρης καρπὸν ἔδουσιν,³⁵ ou entre aqueles os quais ζείδωρος ἄρουρα³⁶ alimenta. Aquele que, a despeito deste decreto senatorial, for feito, dito ou pintado deus, convém que seja entregue às Larvas³⁷ e, no próximo espetáculo, açoitado com varas entre os novos gladiadores.

[4] O próximo a ser interrogado sobre seu parecer é Diéspiter, filho de Vica Pota,³⁸ também ele designado cônsul, um banqueiro barato. Com esta profissão se

---

³³ "Ao mesmo tempo à frente e atrás" (*Ilíada*, III, 109).
³⁴ *Faba* devia ser um tipo de farsa (mimo) popular da Roma antiga, por isso a expressão vale algo como "fizeste uma palhaçada".
³⁵ "Da terra comem o fruto" (*Ilíada*, VI, 142).
³⁶ "A terra doadora do trigo" (*Ilíada*, VIII, 487; *Odisseia*, VII, 332; XI, 309).
³⁷ Espectros, espíritos malignos que importunavam tanto os vivos como os mortos, segundo a crença popular romana.
³⁸ Divindade romana de difícil identificação. Alguns manuscritos leem o nome do deus *Dispiter* ou *Dis pater*, nome latino de Plutão, deus da riqueza e filho da Fortuna; logo, Vica Pota seria outro nome para esta deusa.

civitatulas solebat; ad hunc belle accessit Hercules et auriculam illi tetigit.

[5] Censet itaque in haec verba: "Cum divus Claudius et divum Augustum sanguine contingat nec minus divam Augustam aviam suam, quam ipse deam esse iussit, longeque omnes mortales sapientia antecellat sitque e re publica esse aliquem qui cum Romulo possit 'ferventia rapa vorare,' censeo uti divus Claudius ex hac die deus sit ita uti ante eum quis optimo iure factus sit, eamque rem ad Metamorphosis Ovidi adiciendam."

[6] Variae erant sententiae, et videbatur Claudius sententiam vincere. Hercules enim, qui videret ferrum suum in igne esse, modo huc modo illuc cursabat et aiebat: "Noli mihi invidere, mea res agitur; deinde tu si quid volueris, in vicem faciam: manus manum lavat."

[X, 1] Tunc divus Augustus surrexit sententiae suae loco dicendae et summa facundia disseruit: "Ego" inquit "p. c., vos testes habeo, ex quo deus factus sum, nullum me verbum fecisse: semper meum

sustentava: costumava vender cidadanias suspeitas. Dele graciosamente se aproximou Hércules e lhe tocou o lóbulo da orelha.[39]

[5] Pondera, portanto, nos seguintes termos: "Como o divo Cláudio tem laços de sangue com o divo Augusto e não menos com a diva Augusta, sua avó, a qual ele mesmo ordenou que fosse feita deusa; como ele supera de longe todos os mortais em sabedoria; e como é de público interesse que haja alguém que com Rômulo possa 'devorar nabos ferventes',[40] proponho que o divo Cláudio a partir deste dia seja feito deus, assim como quem o foi antes dele com pleno direito, e que isso seja adicionado às *Metamorfoses* de Ovídio."

[6] Vários eram os pareceres, e se podia crer que Cláudio venceria o julgamento. Hércules, que via o seu ferro ainda quente, andava pra lá e pra cá e falava: "Não negues isso a mim, é uma coisa pessoal; depois, se tu quiseres algo, farei em troca: uma mão lava a outra."

[X, 1] Então o divo Augusto levantou-se, era seu turno, para emitir seu parecer e disse com suma facúndia: "Eu", falou, "pais conscritos, vos tenho por testemunhas que, desde quando fui feito deus,

---

[39] De Biasi (2009, p. 433, nota 20) comenta que o gesto era usado para lembrar alguém, pois se acreditava que o lóbulo da orelha fosse a sede da memória; em contexto jurídico, era empregado no tribunal para "lembrar" uma pessoa a testemunhar no processo.
[40] Ver introdução, p. 22.

negotium ago; et non possum amplius dissimulare et dolorem, quem graviorem pudor facit, continere.

[2] In hoc terra marique pacem peperi? Ideo civilia bella compescui? Ideo legibus urbem fundavi, operibus ornavi, ut ... quid dicam, p. c., non invenio: omnia infra indignationem verba sunt. Confugiendum est itaque ad Messalae Corvini, disertissimi viri, illam sententiam: 'pudet imperii.'

[3] Hic, p. c., qui vobis non posse videtur muscam excitare, tam facile homines occidebat quam canis adsidit. Sed quid ego de tot ac talibus viris dicam? Non vacat deflere publicas clades intuenti domestica mala. Itaque illa omittam, haec referam; nam etiam si sor[or] mea [Graece] nescit, ego scio: ἔγγιον γόνυ κνήμης.

[4] Iste quem videtis, per tot annos sub meo nomine latens, hanc mihi gratiam rettulit, ut duas Iulias

não abri a boca: sempre cuido dos meus negócios. E dissimular ainda mais não consigo, tampouco a dor, que o pudor torna mais grave, conter.

[2] Por esse motivo restabeleci a paz na terra e no mar? Por isso reprimi as guerras civis? Por isso a cidade sobre leis fundei, com obras a ornei, para... não encontro, pais conscritos, o que dizer: palavra nenhuma chega perto de minha indignação. Portanto, é mister recorrer à frase de Messala Corvino, homem assaz eloquente: 'tenho vergonha do poder'.[41]

[3] Este, pais conscritos, que a vós parece não conseguir espantar uma mosca, matava homens tão facilmente quanto um cão se senta. Mas por que eu falaria de tantos e tão ilustres homens? Não há tempo para lamentar as desgraças públicas quem olha os males da própria casa. Assim, aquelas omitirei, estes relatarei; pois ainda que minha irmã não saiba grego, eu sei: ἔγγιον γόνυ κνήμης.[42]

[4] Este aí que vedes, escondendo-se por tantos anos sob meu nome, me retribuiu com esta graça:

---

[41] Marco Valério Messala Corvino foi orador, historiador, protetor de poetas (dentre os quais Tibulo e, segundo alguns, Ovídio quando jovem), político e general. Em que momento ele teria dito essas palavras, é difícil saber, o que contribui para dar ambiguidade à frase: se pronunciada ao renunciar o encargo de *praefectus urbi*, apenas cinco dias após sua nomeação (evento registrado por Tácito, *Ann.*, VI, 11, 4), dá a entender que tem vergonha do poder em geral; por outro lado, pode ser lida também como uma crítica ao governo de Cláudio, por causa da condição em que havia deixado o império inaugurado por Augusto.

[42] "O joelho está mais perto da barriga da perna". Equivalente ao provérbio em português "farinha pouca, meu pirão primeiro" ou "primeiro os dentes, depois os parentes".

proneptes meas occideret, alteram ferro, alteram fame; unum abnepotem L. Silanum: videris, Iuppiter, an in causa mala; certe in tua, si aequus futurus es. Dic mihi, dive Claudi, quare quemquam ex his, quos quasque occidisti, antequam de causa cognosceres, antequam audires, damnasti? Hoc ubi fieri solet? In caelo non fit.

[XI, 1] *Ecce Iuppiter, qui tot annos regnat, uni Volcano crus fregit, quem*

ῥίψε ποδὸς τεταγὼν ἀπὸ βηλοῦ θεσπεσίοιο,

et iratus fuit uxori et suspendit illam: numquid occidit? Tu Messalinam, cuius aeque avunculus maior eram quam tuus, occidisti. 'Nescio' inquis! Di tibi male faciant: adeo istuc turpius est quod nescisti quam quod occidisti.

as minhas duas bisnetas Júlias matou, uma com a espada, outra com a fome,[43] e um trineto, Lúcio Silano;[44] vê tu, Júpiter, se por uma causa injusta, certamente era a mesma que a tua, se quiseres ser equânime. Diz-me, divo Cláudio, por que todos aqueles, os quais e as quais mataste, antes de instruir o processo, antes de ouvir as partes, condenaste? Onde isto costuma acontecer? No céu, não.

[XI, 1] Eis, Júpiter, que por tantos anos reina, apenas a Vulcão a perna quebrou, a quem

ρίψε ποδὸς τεταγὼν ἀπὸ βηλοῦ θεσπεσίοιο,[45]

e ficou irado com a esposa e a suspendeu no ar:[46] por acaso matou? Tu a Messalina,[47] de quem eu era tio-bisavô como sou de ti, mataste. 'Não sei', dizes! Que os deuses te amaldiçoem: por isso é mais torpe não saber que o fizeste do que tê-la matado.

---

[43] A primeira Júlia é filha de Druso, que era filho de Tibério, este adotado por Augusto; em 43 d.C., Messalina mandou, por ciúmes, que fosse assassinada (Tácito, *Ann.*, XIII, 32; Suetônio, *Claud.*, 29, 1). A segunda, Júlia Livila, era filha de Germânico, filho adotivo de Tibério; em 41 d.C., também a mando de Messalina, foi acusada de adultério com o próprio Sêneca e por isso exilada e deixada morrer de inanição (Dião Cássio, *Hist. Rom.*, LX, 8, 5; 18, 4).
[44] Ver nota 25.
[45] "Jogou, tomando pelo pé, da morada divina" (*Ilíada*, I, 591, em que Hefesto lembra de ter sido jogado do Olimpo por Zeus por ter defendido Hera).
[46] Na *Ilíada* (XV, 18-24), Zeus recorda a Hera de tê-la suspendido no ar por ela ter ajudado os gregos contra Heitor.
[47] Valéria Messalina, bisneta de Augusto por linhágem materna, terceira mulher de Cláudio, tão famosa por sua lascívia a ponto de se tornar substantivo comum em algumas línguas neolatinas com o significado de mulher de costumes dissolutos, libertina.

[2] C. Caesarem non desiit mortuum persequi. Occiderat ille socerum: hic et generum. Gaius Crassi filium vetuit Magnum vocari: hic nomen illi reddidit, caput tulit. Occidit in una domo Crassum, Magnum, Scriboniam, + tristionias assarionem +, nobiles tamen, Crassum vero tam fatuum ut etiam regnare posset.

[3] Hunc nunc deum facere vultis? Videte corpus eius dis iratis natum. Ad summam, tria verba cito dicat et servum me ducat.

[4] Hunc deum quis colet? Quis credet? Dum tales deos facitis, nemo vos deos esse credet. Summa rei, p. c., si honeste inter vos gessi, si nulli clarius respondi, vindicate iniurias meas.

[5] Ego pro sententia mea hoc censeo" atque ita ex tabella recitavit: *"Quandoquidem divus Claudius*

[2] Mesmo com Caio César[48] morto, não desistiu de ir atrás dele. Aquele matou o sogro, este também o genro. Aquele vetou que o filho de Crasso fosse chamado Magno, este devolveu o título a ele, porém pegou sua cabeça em troca.[49] Matou, de uma mesma casa, Crasso, Magno, Escribônia,[50] + ... +,[51] ainda que nobres, e Crasso, que, de tão tolo, podia até reinar.

[3] Agora quereis fazer dele um deus? Vede o corpo deste nascido de deuses irados. Em suma, se ele disser três palavras em sequência, pode me levar como escravo.

[4] Um deus assim, quem o cultuará? Quem acreditará nele? Enquanto fizerdes tais deuses, ninguém acreditará que sois deuses. Por fim, pais conscritos, se me portei dignamente entre vós, se não contestei abertamente a ninguém, vingai as injustiças que sofri.

[5] Eu, conforme meu parecer, proponho o seguinte", e assim da tabuleta leu: "dado que o divo Cláudio

---

[48] Referência a Calígula, predecessor de Cláudio, que fez de tudo para apagar sua memória depois de morto, conforme narram Suetônio (*Claud.*, 11) e Dião Cássio (*Hist. Rom.*, CX, 3).
[49] Suetônio (*Claud.* 35) conta que Calígula havia tirado os títulos de membros das famílias nobres de Roma, dentre eles Caio Pompeu, filho de Marco Licínio Crasso Frúgio (citado logo abaixo) e neto do Pompeu Magno. Caio ficou sem o sobrenome "Magno", posteriormente restituído a ele por Cláudio, que pouco tempo depois mandou matá-lo (cf. Dião Cássio, *Hist. Rom.*, CX, 5).
[50] Crasso e Escribônia eram os pais de Caio Pompeu.
[51] A expressão "tristionias assarionem" está assinalada entre cruzes no texto latino. Este sinal designa um texto corrompido sem solução entre os filólogos. Em nossa tradução, preferimos não traduzir esta expressão para não incorrer numa interpretação errônea.

occidit socerum suum Appium Silanum, generos duos Magnum Pompeium et L. Silanum, socerum filiae suae Crassum Frugi, hominem tam similem sibi quam ovo ovum, Scriboniam socrum filiae suae, uxorem suam Messalinam et ceteros quorum numerus iniri non potuit, placet mihi in eum severe animadverti nec illi rerum iudicandarum vacationem dari eumque quam primum exportari et caelo intra triginta dies excedere, Olympo intra diem tertium."

[6] Pedibus in hanc sententiam itum est. Nec mora Cyllenius illum collo obtorto trahit ad inferos a caelo

unde negant redire quemquam.

[XII, 1] Dum descendunt per viam Sacram, interrogat Mercurius, quid sibi velit ille concursus hominum, num Claudii funus esset. Et erat omnium formosissimum et impensa cura, plane ut scires

matou seu sogro, Ápio Silano,[52] os dois genros, Magno Pompeu e Lúcio Silano, o sogro de sua filha, Crasso Frúgio, homem tão semelhante a si quanto um ovo ao ovo, Escribônia, a sogra de sua filha, sua esposa Messalina e todos os outros cujo número não se pode mensurar, sugiro que ele seja severamente punido, não lhe seja dada a isenção de ser julgado, quanto antes seja expulso e saia do céu em até trinta dias, do Olimpo, em até três".[53]

[6] Puseram-se de pé a favor dessa proposta. Sem demora Cilênio[54] arrasta-o pelo pescoço torcido do céu até os ínferos

donde se diz que ninguém nunca volta.[55]

[XII, 1] Enquanto descem pela via Sacra,[56] Mercúrio pergunta o que significa aquela concentração de pessoas, se acaso era o funeral de Cláudio. E era o mais formoso de todos, preparado suntuosamente,

---

[52] Caio Ápio Silano é considerado, incorretamente, sogro de Cláudio por ter casado com a mãe de Messalina, Domícia Lépida. Sua condenação à morte sem processo, com a acusação de atentado à vida do imperador, também foi instigada por Messalina (Suetônio, *Claud.*, XXIX, 1).

[53] Em Roma, quando se ordenava a expulsão de alguém, era comum primeiro banir da cidade, depois da Itália, conforma relata Tito Lívio (XXXVII, 1, 6). Deste modo, há quem leia a correspondência de Olimpo e céu com Roma e Itália.

[54] Outro nome para Mercúrio, pois nasceu no monte Cileno, na Arcádia. Associado ao deus grego Hermes, exerce aqui uma de suas funções características: a de psicopompo, ou seja, condutor das almas que vão para os ínferos.

[55] CATULO. III, 12.

[56] Uma das principais ruas que davam acesso a Roma, passando pelo Fórum até chegar ao Capitólio. Nela ocorriam as procissões dos generais vitoriosos e os cortejos fúnebres de personagens importantes, entre os quais os imperadores.

deum efferri: tubicinum, cornicinum, omnis generis aenatorum tanta turba, tantus conventus, ut etiam Claudius audire posset.

[2] Omnes laeti, hilares: populus R. ambulabat tanquam liber. Agatho et pauci causidici plorabant, sed plane ex animo. Iurisconsulti e tenebris procedebant, pallidi, graciles, vix animam habentes, tanquam qui tum maxime revivescerent. Ex his unus, cum vidisset capita conferentes et fortunas suas deplorantes causidicos, accedit et ait: "Dicebam vobis: non semper Saturnalia erunt."

[3] Claudius, ut vidit funus suum, intellexit se mortuum esse. Ingenti enim μεγάλῳ χορικῷ nenia cantabatur anapaestis:

> *"Fundite fletus, edite planctus,*
> *resonet tristi clamore forum:*
> *cecidit pulchre cordatus homo,*
> *quo non alius fuit in toto*
> *fortior orbe.* 5
> *Ille citato vincere cursu*
> *poterat celeres, ille rebelles*
> *fundere Parthos levibusque sequi*

decerto porque se sabia que um deus era levado: tamanha era a multidão de trombonistas, corneteiros e todo gênero de trompetistas, tamanha era a aglomeração, que até mesmo Cláudio podia ouvir.

[2] Todos felizes, alegres: o povo romano passeava como se fosse livre. Agatão e uns poucos causídicos choravam, certamente do fundo da alma. Juízes saíam das trevas, pálidos, magros, mal sustentando sua alma, como alguém que ressuscitasse naquele momento. Um deles, ao ver os causídicos confabulando face a face, chorando a própria sorte, aproxima-se e fala: "eu vos dizia: nem sempre será Saturnália."

[3] Cláudio, ao ver seu funeral, compreendeu que estava morto. De fato, por um enorme μεγάλῳ χορικῷ[57] era cantada uma nênia em anapestos:[58]

> "Vazai o choro, soltai o pranto,
> ressoe o fórum, triste clamor:
> morreu um homem muito sensato;
> ninguém em todo orbe foi mais
> forte que ele.   5
> Ele em curso apressado podia
> os velozes vencer, os rebeldes
> partos varrer e com setas leves

---

[57] "Imenso coro".
[58] Nênia é um canto de lamento fúnebre acompanhado de flauta com o intuito de elogiar o defunto. Anapesto é medida métrica equivalente duas vogais breves e uma longa (∪∪−). O verso usado aqui é o dímetro anapéstico, o mesmo que Sêneca emprega geralmente nos coros de suas tragédias (De Biasi, p. 455, nota 16).

Persida telis, certaque manu
tendere nervum, qui praecipites   10
vulnere parvo figeret hostes
pictaque Medi terga fugacis.
Ille Britannos ultra noti
litora ponti
et caeruleos scuta Brigantas   15
dare Romuleis colla catenis
iussit et ipsum nova Romanae
iura securis tremere Oceanum.
Deflete virum, quo non alius
potuit citius discere causas,   20
una tantum parte audita,
saepe et neutra. Quis nunc iudex
toto lites audiet anno?
Tibi iam cedet sede relicta,
qui dat populo iura silenti,   25
Cretaea tenens oppida centum.
Caedite maestis pectora palmis,
o causidici, venale genus,
vosque poetae lugete novi,

persianos seguir, com mão firme
tesar o arco, para ligeiros   10
rivais ferir com pequena chaga,
mais as costas pintadas dos medos.⁵⁹
Ele os bretões, para além das praias
do mar noto,
e os brigantes de escudos cerúleos,   15
dar a goela às correntes de Rômulo
mandou e o próprio Oceano fez
tremer às leis do machado ítalo.⁶⁰
Chorai o homem; ninguém mais rápido
do que ele pôde estudar as causas,   20
com uma parte apenas ouvida,
amiúde nenhuma. Qual árbitro
ouvirá os litígios todo o ano?
Já a ti cederá seu assento
quem as leis dita ao povo silente,   25
dono de cem cidades em Creta.⁶¹
Batei o peito com palmas tristes,
oh causídicos, raça venal,
e vós, poetas novos, chorai,

---

⁵⁹ Durante o reinado de Cláudio não houve campanhas contra os partos, dos quais faziam parte os persas e os medos. Trata-se de outro recurso utilizado por Sêneca para ridicularizar ainda mais o imperador recém-falecido.

⁶⁰ Segundo Suetônio (*Claud.*, 17), a campanha contra os bretões foi a única expedição de que Cláudio tomou parte, mesmo assim por pouco tempo. Os brigantes eram habitantes do norte da Britânia, que só foram conquistados de fato em 71-74, sob Vespasiano, enquanto Cláudio conseguiu apenas aplacar uma rebelião desse povo.

⁶¹ Referência a Minos, rei de Creta, juiz dos ínferos com Éaco, que irá condenar Cláudio logo mais.

vosque in primis qui concusso 30
magna parastis lucra fritillo."

[XIII, 1] Delectabatur laudibus suis Claudius et cupiebat diutius spectare. Inicit illi manum Talthybius deorum [nuntius] et trahit capite obvoluto, ne quis eum possit agnoscere, per campum Martium, et inter Tiberim et viam Tectam descendit ad inferos.

[2] Antecesserat iam compendiaria Narcissus libertus ad patronum excipiendum, et venienti nitidus, ut erat a balineo, occurrit et ait: "Quid di ad homines?". "Celerius" inquit Mercurius "et venire nos nuntia."

[3] Dicto citius Narcissus evolat: omnia proclivia sunt, facile descenditur. Itaque quamvis podagricus esset, momento temporis pervenit ad ianuam Ditis, ubi iacebat Cerberus vel, ut ait Horatius, "belua

      e sobretudo vós, que agitando
      o fritilo, saístes no lucro".⁶²

[XIII, 1] Deleitava-se Cláudio com seus louvores, e desejava assistir por mais tempo. Agarra-o com a mão o Taltíbio dos deuses⁶³ e arrasta-o com a cabeça coberta, para que não se possa reconhecê-lo, e, pelo campo de Marte e por entre o Tibre e a via Coberta,⁶⁴ desce aos ínferos.

[2] Já se adiantara, pelo atalho, o liberto Narciso⁶⁵ para receber seu patrono e, daquele que chegava, limpo como se saísse do banho, aproxima-se e diz: "Por que os deuses se misturam aos homens?". "Rápido", fala Mercúrio, "anuncia que nós chegamos."

[3] Mal foi dito isso, Narciso sai voando: em toda ladeira, a descida é fácil. E assim, conquanto fosse gotoso, em um átimo de tempo alcança a porta de Dite, onde ficava Cérbero ou, como diz Horácio,

---

⁶² A nênia conclui com uma apóstrofe aos que devem chorar a morte de Cláudio: advogados, poetastros e jogadores de dado ("fritilo" é o copo para jogar dados). Exceto durante as saturnálias, o jogo de dados era proibido por leis antigas, mas Cláudio, mesmo assim, era um aficcionado, a ponto de escrever um tratado a respeito dele, conforme relata Suetônio (*Claud.*, 33, 2).
⁶³ Taltíbio era um dos mensageiros de Agamenão na *Ilíada* (I, 320). Por antonomásia, passou a designar um mensageiro qualquer, que, no contexto da *Abobrificação*, se refere a Mercúrio.
⁶⁴ A *via Tecta* ("via Coberta") ficava numa região alagadiça junto ao Tibre, da qual exalavam fumaças de origem vulcânica, mas que os antigos acreditavam ser a entrada dos ínferos, o mundo dos mortos, conforme narra Valério Máximo (II, 4, 5).
⁶⁵ Liberto e importante secretário de Cláudio. Morreu logo depois do imperador, condenado ao suicídio, mais uma vez, por Messalina (Tácito. *Ann.*, XIII, 1).

centiceps." Pusillum perturbatur — subalbam canem in deliciis habere adsueverat — ut illum vidit canem nigrum, villosum, sane non quem velis tibi in tenebris occurrere, et magna voce "Claudius" inquit "veniet."

[4] Cum plausu procedunt cantantes: "εὑρήκαμεν, συγχαίρομεν". Hic erat C. Silius consul designatus, Iuncus praetorius, Sex. Traulus, M. Helvius, Trogus, Cotta, Vettius Valens, Fabius equ[it]es R., quos Narcissus duci iusserat. Medius erat in hac cantantium turba Mnester pantomimus, quem Claudius decoris causa minorem fecerat.

[5] Ad Messalinam — cito rumor percrebuit Claudium venisse — convolant primi omnium liberti Polybius, Myron, Arpocras, Ampheus +pherona otus+, quos Claudius omnes, necubi imparatus esset, praemiserat. Deinde praefecti duo Iustus

"a fera centípede".⁶⁶ Fica um pouco perturbado — habituara-se aos prazeres de ter um cão branquinho — quando viu aquele cão negro, peludo, que certamente não gostarias de encontrar nas trevas, e com uma voz forte fala: "Cláudio está chegando!".

[4] Alguns, que cantam, aparecem aplaudindo: εὑρήκαμεν, συγχαίρομεν.⁶⁷ Aí estavam Caio Sílio, cônsul designado, o pretor Junco, Sexto Traulo, Marco Hélvio, Trogo, Cota, Vétio Valente, Fábio, cavaleiros romanos, os quais Narciso ordenara fossem trazidos.⁶⁸ Em meio a essa turba de cantores estava o pantomimo Mnéster, a quem Cláudio, por capricho, tinha encurtado.⁶⁹

[5] Até Messalina — rapidamente se espalhou o rumor de que Cláudio estava chegando — voam: os primeiros dentre eles são os libertos Políbio, Míron, Arpócrate, Anfeu +...+, todos os quais Cláudio, para que não fosse pego desprevenido, mandou na

---

⁶⁶ Dite é nome latino do Plutão grego, deus do Averno. Cérbero é o cão guarda do reino dos mortos, ao qual a tradição atribui três cabeças, como em Virgílio (*En.*, VI, 417), mas que Horácio, nas *Odes* (II, 13, 33), diz ter cem pés.
⁶⁷ "O encontramos, alegremo-nos!". De acordo com De Biasi (p. 463, nota 13), estas palavras fazem parte do culto egípcio à deusa Ísis, quando se festejava um novo boi Ápis, encarnação de Osíris, que todo ano morria e renascia.
⁶⁸ Todos foram cúmplices, e alguns amantes, de Messalina, os quais Narciso mandou matar após a morte dela em 48 d.C. (De Biasi, p. 464, nota 14).
⁶⁹ Era o pantomimo favorito de Calígula, que manifestou abertamente seu amor por ele (Suetônio, *Cal.*, 55, 1), depois trabalhou também para Cláudio, que o havia obrigado a obedecer as ordens de Messalina, conforme narra Tácito (*Ann.*, XI, 36). A expressão *minorem fecerat* ("tinha encurtado") pode se referir ao fato de Mnéster ter sido decapitado ou então de ter se tornado escravo de Messalina.

Catonius et Rufrius Pollio. Deinde amici Saturninus Lusius et Pedo Pompeius et Lupus et Celer Asinius consulares. Novissime fratris filia, sororis filia, generi, soceri, socrus, omnes plane consanguinei.

[6] *Et agmine facto Claudio occurrunt. Quos cum vidisset, Claudius exclamat: "πάντα φίλων πλήρη. Quomodo huc venistis vos?". Tum Pedo Pompeius: "Quid dicis, homo crudelissime? Quaeris quomodo? Quis enim nos alius huc misit quam tu, omnium amicorum interfector? In ius eamus: ego tibi hic sellas ostendam."*

[XIV, 1] *Ducit illum ad tribunal Aeaci: is lege Cornelia, quae de sicariis lata est, quaerebat. Postulat, nomen eius recipiat; edit subscriptionem:*

frente.⁷⁰ Depois, dois prefeitos, Justo Catônio e Rúfrio Polião.⁷¹ Depois, os amigos ex-cônsules, Saturnino Lúsio e Pedo Pompeu e Lupo e Céler Asínio.⁷² Por último, a filha do irmão, a filha da irmã, os genros, os sogros, as sogras, em suma todos seus parentes próximos.⁷³

[6] E, formada uma fila, aproximam-se de Cláudio. Após tê-los visto, Cláudio exclama: "πάντα φίλων πλήρη.⁷⁴ Como chegastes aqui?" Então Pedo Pompeu: "O que dizes, homem crudelíssimo? Perguntas como? Pois quem mais além de ti nos enviou para cá, assassino de todos os amigos? Vamos ao tribunal, lá eu te indicarei os assentos."

[XIV, 1] Leva-o ao tribunal de Éaco:⁷⁵ este instruía processos com base na lei Cornélia que trata de assassinos.⁷⁶ Requer que aceite a denúncia contra

---

⁷⁰ Provavelmente todos libertos de Cláudio. Suetônio diz que Cláudio havia concedido a Arpócrate o direito de ser transportado sobre liteira pela cidade e de oferecer espetáculos públicos, e que, dentre seus libertos, preferia Políbio, que era uma espécie de ministro da cultura do imperador (*Claud.*, 28).

⁷¹ Ambos foram *praefectus praetorio* durante o governo de Cláudio e provavelmente ambos foram assassinados a mando de Messalina (MUGELLESI, 2016, pp. 106-107, nota 134).

⁷² Saturnino Lúsio e (Cornélio) Lupo aparecem em Tácito (*Ann.*, XIII, 43), ambos vítimas do célebre delator Públio Suílio. Não se sabe quem teria sido Pedo Pompeu, que volta a aparecer logo abaixo. Céler Asínio foi cônsul sob Calígula em 38 d.C.

⁷³ A "filha do irmão" é Júlia Livila, filha de Germânico, já mencionada no capítulo X. A "filha da irmã" é Júlia, filha de Lívia. Os "genros" são Lúcio Silano e Pompeu Magno, citados anteriormente. Os "sogros" são Ápio Silano e Crasso Frúgio, ambos presentes no capítulo XI. As "sogras" são Domícia Lépida, mãe de Messalina, e Escribônia, também já citadas antes.

⁷⁴ "Tudo cheio de amigos". Há quem leia na frase uma paródia da expressão atribuída ao filósofo Tales de Mileto: πάντα πλήρη θεῶν, "tudo cheio de deuses".

⁷⁵ Éaco era um dos juízes do reino dos mortos. Cf. nota 61.

⁷⁶ Trata-se da *Lex Cornelia de sicariis et veneficiis* ("Lei Cornélia sobre assassinos e feiticeiros"), promulgada por Sila em 81 a.C. para punir, com pena capital, homicídios

occisos senatores XXXV, equites R. CC[C]XXI, ceteros ὅσα ψάμαθός τε κόνις τε.

[2] *Advocatum non invenit. Tandem procedit P. Petronius, vetus convictor eius, homo Claudiana lingua disertus, et postulat advocationem. Non datur. Accusat Pedo Pompeius magnis clamoribus. Incipit patronus velle respondere. Aeacus, homo iustissimus, vetat et illum, altera tantum parte audita, condemnat et ait: "αἴκε πάθοις τά ἔρεξας, δίκη εὐθεῖα γένοιτο".*

[3] *Ingens silentium factum est. Stupebant omnes novitate rei attoniti, negabant hoc unquam factum. Claudio iniquum magis videbatur quam novum. De genere poenae diu disputatum est, quid illum pati oporteret. Erant qui dicerent, Si[syph]um diu laturam fecisse[nt], Tantalum siti periturum nisi illi succurreretur, aliquando Ixionis miseri rotam sufflaminandam.*

ele; apresenta a acusação: mortos XXXV senadores, CCCXXI cavaleiros romanos, e todos os outros ὅσα ψάμαθός τε κόνις τε.[77]

[2] Não encontra um advogado. Por fim, apresenta-se Públio Petrônio, seu velho conviva, homem perito na língua claudiana, e pede uma prorrogação.[78] Não lhe é concedida. Pedo Pompeu acusa-o com grandes clamores. Começa o advogado da defesa a tentar responder. Éaco, homem justíssimo, proíbe-o, e, tendo ouvido apenas uma das partes, condena o réu e diz: "αἴκε πάθοις τά ἔρεξας, δίκη εὐθεῖα γένοιτο".[79]

[3] Grande silêncio se fez. Todos estavam estupefatos e atônitos com a novidade do caso, diziam que isto nunca havia acontecido. A Cláudio parecia mais injusto que novo. Quanto ao tipo da pena, por muito tempo se discutiu o que ele deveria sofrer. Havia os que diziam que Sísifo carregara seu peso por muito tempo, que Tântalo morreria de sede senão o socorressem, que a roda do mísero Ixião deveria ser detida.[80]

---

e tentativas de homicídios com o uso de espadas, lanças, venenos e magias (DE BIASI, 2009, p. 469, nota 2).

[77] "Quantos [são] os grãos de areia e de poeira" (*Ilíada*, IX, 385). Hemistíquio que encerra a lista dos presentes que Agamenão oferece a Aquiles para que este volte à guerra de Troia.

[78] Públio Petrônio foi cônsul em 19 d.C. e procônsul na Ásia de 29 a 35.

[79] "Se sofresses o que fizeste, verdadeira justiça seria feita". Fragmento de Hesíodo (286,2 West).

[80] Três célebres personagens da mitologia grega castigados nos ínferos. Sísifo devia conduzir uma enorme pedra morro acima, até que de lá ela caía, e Sísifo voltava e a levava de novo para cima. Tântalo estava imerso em água até o pescoço, mas

[4] Non placuit ulli ex veteribus missionem dari, ne vel Claudius unquam simile speraret. Placuit novam poenam constitui debere, excogitandum illi laborem irritum et alicuius cupiditatis spem sine effectu. Tum Aeacus iubet illum alea ludere pertuso fritillo. Et iam coeperat fugientes semper tesseras quaerere et nihil proficere.

> *[XV, 1] Nam quotiens missurus erat resonante fritillo,*
> *utraque subducto fugiebat tessera fundo.*
> *Cumque recollectos auderet mittere talos,*
> *lusuro similis semper semperque petenti,*
> *decepere fidem: refugit digitosque per ipsos*   5
> *fallax assiduo dilabitur alea furto.*
> *Sic cum iam summi tanguntur culmina montis,*
> *irrita Sisyphio volvuntur pondera collo.*

[2] Apparuit subito C. Caesar et petere illum in servitutem coepit, producere testes, qui illum viderant ab illo flagris, ferulis, colaphis vapulantem. Adiudicatur C. Caesari. Caesar illum Aeaco donat. Is Menandro liberto suo tradidit, ut a cognitionibus esset.

[4] Não quiseram que fosse dada a remissão da pena a nenhum dos velhos, para que Cláudio nunca esperasse algo semelhante. Quiseram que fosse estabelecida uma nova pena: a ele devia ser pensado um esforço vão e a esperança inútil de algo desejado. Então Éaco ordena que ele jogue dados com um fritilo furado. E já havia começado a buscar os dados que lhe fugiam e nada conseguia.

[XV, 1] Quanto o atirasse, então, co ressoante fritilo,
    cada dado fugia no buraco ao fundo.
    Quando ousava atirar os recolhidos dados,
    jogando-os sempre e sempre igualmente os buscando,
    perdeu a fé: nos próprios dedos refugiu,   5
    e passava o falaz jogo no assíduo furto.
    Assim, do sumo monte os cumes já tocados,
    vãos os pesos escapam do colo de Sísifo.

[2] Apareceu subitamente C. César[81] e começou a reclamá-lo como escravo e a introduzir as testemunhas que o viram ser açoitado com chicotes, férulas e socos. É adjudicado a C. César. César o dá a Éaco; este o concede ao seu liberto Menandro, para que fosse inquirido.

---

não conseguia beber daquela água; acima dele havia um ramo cheio de frutos, mas quando ele se aproximava, o ramo de afastava. Ixião estava preso a uma roda de fogo que girava constantemente. Cf. GRIMAL, Pierre. *Dicionário da mitologia grega e romana*. Trad. Victor Jabouille. Rio de Janeiro: Bertrand Brasil, 2000.

[81] Referência a Calígula. Cf. nota 48.

NOTA À TRADUÇÃO

Desde 2018 o Grupo de Leitura, Estudo e Tradução de Textos Latinos, sediado no Centrum Inuestigationis Latinitatis (CIL) — UFSC, reúne-se periodicamente. Em 2019, diante da estultícia instaurada principalmente no âmbito do governo federal, a ideia de traduzir a *Abobrificação do divo Cláudio*, de Sêneca, tornou-se óbvia, tendo em vista a proximidade entre o retrato que é feito do imperador de então e o atual presidente da República. Como os leitores podem verificar, às vezes mesmo a linguagem se assemelha no que diz respeito às palavras de baixo calão e aparentemente *nonsense*. A *Abobrificação* não é obra politicamente correta, mas é obra correta para o nosso momento político.

O neologismo "abobrificação" constante do título desta edição remete ao termo *apocolokyntosis*, um jogo inventado por Sêneca entre as palavras gregas *apothéosis* (deificação) e *kolokýnte* (abóbora). Conforme está melhor desenvolvido na introdução, o jogo sugere que a sátira trata da história da "apoteose da abóbora" ou ainda de uma "abobrificação", em lugar de uma deificação. O termo, portanto, é uma escolha tradutória.

Cumpre informar que os critérios desta tradução se pautaram sobretudo na tentativa de levar o leitor até o texto, mais do que facilitá-lo e trazê-lo para a roupagem hodierna. Sendo assim, preservamos as citações em língua grega, usual entre os latinos, para as quais apresentamos notas de rodapé, além de mantermos vocábulos hoje em desuso na nossa língua, mas comuns na época antiga. O texto latino foi baseado na edição de Luciano de Biasi, publicado pela Editora UTET em 2009, que, por sua vez, toma como referência o texto estabelecido por Renata Roncali, publicado pela Editora Teubner em 1990.[1]

---

[1] Consultamos também as seguintes edições da *Apocolocyntosis*: SÉNÈQUE. *L'Apocoloquintose du divin Claude*. Ed. e trad. René Waltz. Paris: Les Belles Lettres, 1934; SENECA. *Apocolocyntosis*. Ed. e trad. W. H. D. Rouse. Cambridge: Harvard University Press, 1948; SENECA. *Apocolocyntosis*. Trad. Rossana Mugellesi. Milão: BUR, 2016; SILVA, Frederico de Sousa. *Apocolocintose do divino Cláudio*: tradução, notas e comentários. Dissertação de Mestrado defendida na FFLCH–USP, São Paulo, 2008.

POSFÁCIO

APOCOLOCINTOSE OU ABOBRIFICAÇÃO: SOLUÇÕES TRADUTÓRIAS

José Eduardo S. Lohner
(Universidade de São Paulo)

A tradução de um texto de gênero satírico envolve um considerável desafio. No campo da elocução, a vivacidade própria da linguagem cômica, fundamentada, em linhas gerais, na rítmica frasal, nos efeitos de sonoridade, na expressividade do tom coloquial, requer, sem dúvida, empenho no exame dos expedientes formais relativos a esses aspectos no texto de partida, mas principalmente o senso adequado para eleger recursos expressivos julgados capazes de gerar um efeito aproximado ou análogo na tradução. Essa dificuldade aumenta no caso de uma obra como a sátira sobre a morte do imperador Cláudio, atribuída a Sêneca. Reconhecida desde a Renascença como exemplar da antiga sátira menipeia, trata-se de uma forma híbrida, que conjuga prosa e verso, num estilo que oscila entre a informalidade da fala cotidiana, própria do gênero satírico, e a imitação paródica de gêneros elevados como a historiografia, a oratória, a épica e a tragédia.

No plano do conteúdo, os problemas de transposição não são menos complexos, dado que um texto satírico opera essencialmente com diversos extratos e matizes de sentido, estabelecidos mediante um constante jogo de alusões a referentes linguísticos e extralinguísticos, por vezes muito subordinados a um contexto histórico e cultural específico. Tal como no tocante à elocução, essa complexidade amplia-se exponencialmente quando se trata de uma obra da antiguidade. Ao distanciamento temporal e cultural, soma-se o fato de que todo texto antigo, sobretudo a partir da época helenística, por um fator intrínseco à escrita literária desse período, carrega uma significativa carga de erudição, que de alguma maneira e em alguma medida deve ser incorporada ao texto da tradução, seja internamente, por meio de recursos linguísticos, seja externamente, por meio de notas exegéticas.

É certo que a prática tradutória admite gradações no modo de operar com o texto de partida, podendo haver opções que vão desde uma tradução em sentido mais estrito até a livre adaptação. Em função da modalidade adotada, abre-se um leque de possibilidades dentro do qual o tradutor exerce suas escolhas.

Na presente versão em português desta obra que é a única "menipeia" latina transmitida em estado quase integral, os autores, vinculados ao

Grupo de Leitura, Estudo e Tradução de Textos Latinos, da Universidade Federal de Santa Catarina, adotaram uma modalidade tradutória que valoriza a subordinação ao texto original, em consonância com a prática prevalecente em âmbito acadêmico.[1] Aponta já para esse propósito a opção pela edição bilíngue e pelo espelhamento, no texto da tradução, da formatação utilizada no texto latino, de modo a favorecer, e até estimular, o cotejo com o original. Deriva da mesma concepção a reprodução das variações formais do texto, com o uso alternado de prosa e verso, tendo sido utilizado o verso metrificado, com alterações do padrão métrico em conformidade com expediente análogo nos versos latinos.

Um aspecto que logo transparece, no confronto dos dois textos, é o controle no nível de expansão da tradução: os trechos em prosa mantêm uma extensão bem próxima do equivalente latino, e, para as passagens em verso, adota-se a disposição justalinear, de forma que o conteúdo de cada verso do original tende a amoldar-se ao limite do verso traduzido.

No caso da prosa, contribui para a extensão proporcional a aderência às articulações sintáticas dos enunciados latinos, associada a uma eficiente

---

[1] Conforme vem explicitado na "Nota à Tradução", p. 92: "…os critérios desta tradução se pautaram sobretudo na tentativa de levar o leitor até o texto, mais do que facilitá-lo e trazê-lo para a roupagem hodierna." Certamente enquadra-se também nesse critério a opção por manter citações em grego no corpo da tradução.

seleção lexical em português. Desse modo, obtém-se equilíbrio no grau de fluência, uma vez que eventuais tensões da trama sintática são compensadas com o uso de expressões da linguagem coloquial contemporânea, bem como de padrões habituais de ordenação dos constituintes frasais. O estilo coloquial, além do mais, é empregado de maneira muito apropriada para reproduzir o tipo de elocução característico do gênero. Por outro lado, como se disse há pouco, sendo também característica fundamental da menipeia o emprego de frequentes variações de estilo, em imitações paródicas de diferentes gêneros discursivos, esse aspecto vem também representado na tradução, até como decorrência da referida adesão à estruturação sintática dos enunciados latinos. Exemplo disso, entre outros, é a elocução solene da fala de Augusto diante dos deuses, ao introduzir seu discurso como que diante do senado romano (X, 1):

> *Tunc divus Augustus surrexit sententiae suae loco dicendae et summa facundia disseruit: "Ego" inquit "p. c., vos testes habeo, ex quo deus factus sum, nullum me verbum fecisse: semper meum negotium ago; et non possum amplius dissimulare et dolorem, quem graviorem pudor facit, continere.*

Então o divo Augusto levantou-se, era seu turno, para emitir seu parecer e disse com suma facúndia: "Eu", fala, "pais conscritos, vos tenho por testemunhas que, desde quando fui feito deus, não abri a boca: sempre cuido dos meus negócios. E dissimular ainda mais não consigo, tampouco a dor, que o pudor torna mais grave, conter.

Como em muitas outras passagens, também nesta o estilo literal, em certa medida adotado na tradução, gera ele próprio um efeito paródico, incrementado pela boa seleção de expressões coloquiais. O hipérbato na última frase acompanha o mesmo deslocamento que, na frase latina, é operado de modo um tanto canhestro, para forjar uma cláusula rítmica muito frequente na prosa rítmica antiga, denominada dicoreu (*cōntĭnērĕ*), inserida na finalização de um período, ou seja, no fecho de um circuito de membros frasais.

Deslocamentos sintáticos e maior artificiosidade no arranjo das palavras obviamente aparecem com mais frequência nas partes em verso, enquanto recursos próprios do estilo de gêneros poéticos elevados, como a épica ou a tragédia, parodiados na presente obra satírica. Como em tais seções o arranjo e a seleção lexical são em parte determinados também pela estrutura rítmica dos versos, interessa observar as escolhas métricas feitas na tradução e o manejo das palavras dentro do verso.

A opção pelo dodecassílabo para verter as passagens em hexâmetro datílico é apropriada e legítima, mesmo não sendo tão tradicional quanto o decassílabo. O mesmo dodecassílabo é empregado na tradução dos trímetros iâmbicos (VII, 1), que parodiam a elocução trágica; já para o canto em dímetros e monômetros anapésticos (XII, 1), metro de extensão mais curta, tradicional nos coros trágicos, adotou-se o eneassílabo, raro na tradição poética portuguesa. A versificação é bem realizada, sendo nítido, além do mais, o empenho em buscar uma formulação congruente com o tom paródico dos versos originais, como se pode constatar, por exemplo, na primeira seção poética da sátira (II, 1), em que os versos latinos imitam, com bastante sarcasmo, o desenvolvimento enfadonho de um lugar-comum muito em voga na época imperial.[2]

Iam Phoebus breviore via contraxerat ortum
lucis et obscuri crescebant tempora Somni,
iamque suum victrix augebat Cynthia regnum
et deformis hiemps gratos carpebat honores
divitis Autumni iussoque senescere Baccho
carpebat raras serus vindemitor uvas.

---

[2] Sobre o tratamento desse *locus*, ver comentário jocoso de Sêneca nas *Epístolas a Lucílio*, 122, 11.

Já Febo abreviando a via cortara o orto
da luz e dilatava-se o soturno Sono;
já Cíntia a vencedora ampliava seu reino,
e o Inverno disforme colhia os presentes
do rico Outono e, Baco posto a envelhecer,
colhia as raras uvas o vindimador.

Os versos em português reproduzem o tom pomposo do original por meio de uma tradução exageradamente fiel, que recria o intencional perfil limitado do poema latino, como se vê particularmente na fórmula de abertura, um tanto surrada e monótona e que extravasa do verso em um cavalgamento inábil: *Iam Phoebus breviore via contraxerat ortum / lucis*, "Já Febo abreviando a via cortara o orto / da luz"); no dodecassílabo, o acento na penúltima sílaba métrica ("...cortara o orto"), impróprio por confundir a delimitação do verso, seguido do vocábulo "orto", de uso poético arcaico e raro, caracteriza a má qualidade do verso. Pouco mais adiante, produz efeito similar a reprodução fiel da frase participial (*iussoque senescere Baccho*, "Baco posto a envelhecer"), mal estruturada pela não posposição do sujeito, como prescreve a norma.

A deformação satírica da expressão é recurso empregado também na tradução de outras seções em verso hexamétrico. Um bom exemplo está na passagem destacada a seguir, com o uso da sinalefa aliterante na expressão "co canto", que imita bem a repetição pouco hábil do ablativo "cantu"; o estranhamento provocado pela reiterada sinalefa é ainda reforçado pelo contraste com o uso da articulação silábica normal ("com o futuro..."):

Phoebus adest cantuque iuvat gaudetque futuris
et laetus nunc plectra movet, nunc pensa ministrat:
detinet intentas cantu fallitque laborem.

Febo, co canto, vem ajudar e alegrar-se
com o futuro: ou move o plectro ou a fiadura.
Ficam atentas co canto, que engana a fadiga.

Em VII, 1, os versos iâmbicos proferidos por Hércules imitam o estilo tenso e solene da tragédia. Os trechos destacados a seguir permitem notar alguns recursos da tradução que visam ao efeito paródico. O verso inicial da seção iâmbica distingue-se pelo emprego de expressões empoladas: além da imitação lexical de *sede qua*, "em que sede", o arcaísmo *cluas*, ao qual se vincula o predicativo *genitus*, caracteriza uma construção preciosista em latim, vertida aqui por uma frase de marcado exotismo: "és noto em ter nascido".

Exprome propere sede qua genitus cluas,
Expõe logo em que sede és noto em ter nascido,

No verso a seguir, o acréscimo de uma noção não inclusa no texto latino intensifica o caráter jocoso do enunciado, que, literalmente, equivale a "que voz agora emites com pronúncia incerta?":

Quid nunc profatu vocis incerto sonas?
Por que agora proferes sons como cuspisses?

As figuras de sonoridade eram bastante exploradas em versos trágicos. A paronomásia na expressão "ingente em corrente", que corresponde a *amne praerapido*, adjunto altissonante associado ao verbo *fluit*, gera, no entanto, um eco de caráter satírico:

ubi Rhodanus ingens amne praerapido fluit,[3]
onde o Ródano ingente em corrente flui rápido,

Como assinala Renata Roncali, "as *laudes Neronis* são cantadas em hexâmetros, as de Cláudio, em anapestos".[4] Ou seja, para celebrar a ascensão de Nero (IV, 1, v. 30), é adequado o caráter heroico dos hexâmetros; para os funerais de Cláudio, os trágicos anapestos. Na tradução do canto coral (XII, 1), conforme já mencionado, foram empregados versos eneassílabos em paralelo com os dímetros, e versos trissílabos em paralelo com os monômetros anapésticos intercalados aos dímetros. Vale notar a

---

[3] Literalmente: "onde o enorme Ródano flui em veloz correnteza".
[4] *Seneca. L'apoteosi negata* (Apokolokyntosis). Trad. e commento di R. Roncali. Venezia: Marsilio Ed., 2018, p. 93.

funcionalidade do contraste rítmico entre os dois primeiros versos da tradução e os subsequentes: o ritmo simétrico daqueles é sucedido por uma súbita formulação prosaica, com pulsações irregulares, quando se faz menção ao imperador morto; a simetria rítmica retorna na parte final do canto, com a retomada da súplica inicial:

Fundite fletus, edite planctus,
resonet tristi clamore forum:
cecidit pulchre cordatus homo,
quo non alius fuit in toto
fortior orbe.

Vazai o choro, soltai o pranto,
ressoe o fórum, triste clamor:
morreu um homem muito sensato;
ninguém em todo orbe foi mais
forte que ele.
(...)

Deflete virum, quo non alius
potuit citius discere causas,

Chorai o homem; ninguém mais rápido
do que ele pôde estudar as causas,

Merece, por fim, algumas considerações a adaptação do título em português, a qual chama a atenção pela originalidade. Traduções publicadas recentemente variam entre a forma aportuguesada do neologismo grego transmitido como título da obra, e a forma de um composto derivado do termo "abóbora".[5] O termo "abobrificação", embora siga esta segunda vertente, como pretendido pelos tradutores,[6] indica, porém, a opção pelo radical sincopado, comum na pronúncia popular, em lugar de "aboborificação", o que não deixa de também sugerir uma conexão com o termo "abobrinha", que encerra uma conotação depreciativa, difundida popularmente ao menos em algumas regiões do Brasil, ampliando, assim, os matizes significativos da expressão. Junta-se a isso o emprego irônico da forma poética "divo", para tornar mais acentuado o tom irreverente e sugerir a deformação da personagem-alvo.

No tocante à originalidade, o libelo de Sêneca é uma obra singular: uma sátira política utilizada como instrumento de ataque contra a figura central do poder imperial, recém-descartada por atuação de integrantes de seu círculo mais próximo. O conjunto da obra de Sêneca que nos foi transmitido destaca-se pela relevância e atualidade de seu

---

[5] "A apocoloquintose do divino Cláudio". Trad. de Leandro D. Cardoso. Revista *Scientia Traductionis*, n.10, 2011, p. 151-71; "Uma sátira para o tirano já ir dar o fora: Aboborização do Divino Cláudio de Sêneca no Brasil contemporâneo. Tradução de Camila M. Reis & Rafael G. T. Silva. RJ: *Codex* – Revista de Estudos Clássicos, vol. 8, n. 1, 2020, p. 331-356; Silva, Frederico S. *Apocolocintose do Divino Cláudio*. Tradução, estudo e notas. Curitiba: Kotter Ed., 2021 (livro oriundo da dissertação de mestrado com mesmo título: FFLCH/USP, 2008).

[6] Ver Introdução, pp. 17-19, e Notas à Tradução, p. 91.

conteúdo. No caso da menipeia, o alto potencial alusivo desse texto em relação à atual realidade brasileira foi um fator que estimulou sua escolha pelos tradutores e orientou o processo de elaboração da tradução, devendo também determinar o modo de sua recepção pelo público leitor, com efeitos muito estimulantes para o enriquecimento de nossa percepção sobre o mundo contemporâneo e de nosso imaginário.

REPERCUSSÕES DA OBRA

Compôs, além destes, um outro, conforme querem alguns, o qual é muito mais poético que moral e é em prosa e em versos, em forma de tragédia: e nele descreve como Cláudio César foi expulso do paraíso e levado daí por Mercúrio ao inferno. E que ele houvesse composto isso, embora não me pareça seu estilo, ainda assim lhe dou um tanto de fé, pois que ele teve feroz ódio por Cláudio, pela injúria do exílio recebido dele; e esse livrinho todo não é outra coisa senão zombar de Cláudio e da sua vida pouco louvável.

Giovanni Boccaccio, *Esposizioni sopra la Comedia di Dante*. Ed. G. Padoan. Milão: Mondadori, 1994, pp. 253-254.

As pessoas ficam estranhamente surpresas, tendo saído dos insípidos elogios da consolação a Políbio, ao entrar na sátira mais virulenta. Como! Filósofo, você adula vilmente o soberano enquanto está vivo, e você o insulta cruelmente depois de sua morte! "Ele não podia mais me fazer mal". Esta resposta é de um frouxo e de um ingrato; porque se ele tivesse sido seu benfeitor, você teria se calado, uma vez que ele não poderia mais lhe fazer bem. "Mas ele acreditou que eu fosse culpado pelo adultério de Júlia". E o que lhe importava, se você não o era! "Ele me manteve oito anos em exílio". Por acaso o estoico sofre no exílio?

Por acaso o estoico se vinga? Todas as belas coisas que você escrevia à sua mãe Hélvia não passavam, então, de mentiras oficiosas? Quando lhe vejo perseguir com furor um inimigo que não existe mais, o que devo pensar de todas as belas máximas disseminadas no seu tratado sobre a ira? Não seria você, tal como a maior parte dos pregadores, senão um belo falador de virtude? Quem comparar a sua consolação a Políbio com a sua Apocoloquintose, conceberá por você um desprezo que se refletirá sobre sua seita; e você não pensou nisso! Se a resposta que dei a essas reprovações não é sólida, não há nada de sólido.

Denis Diderot, *Essai sur les règnes de Claude et de Néron*. Paris: Chez les frères de Bure, 1779, pp. 482-483.

A minha ideia, depois de tantas cabriolas, constituíra-se ideia fixa. Deus te livre, leitor, de uma ideia fixa; antes um argueiro, antes uma trave no olho. Vê o Cavour; foi a ideia fixa da unidade italiana que o matou. Verdade é que Bismarck não morreu; mas cumpre advertir que a natureza é uma grande caprichosa e a história uma eterna loureira. Por exemplo, Suetônio deu-nos um Cláudio, que era um "verdadeiro banana", — ou "uma abóbora" como lhe chamou Sêneca, e um Tito, que mereceu ser as delícias de Roma. Veio modernamente um professor e achou meio de demonstrar que ambos esses conceitos eram errôneos e abstrusos, e que dos dois césares, o delicioso, o verdadeiramente delicioso, foi o "abóbora" de Sêneca.

Joaquim Maria Machado de Assis, *Memórias Póstumas de Brás Cubas*. Rio de Janeiro: Editora Nova Aguilar, 1994, p. 5.

É uma das mais originais sátiras políticas que podem ter as literaturas de todos os países. A vivacidade é incansável, a argúcia é sempre fresca, penetrante e implacável. Um risinho endiabrado transcorre atacando por todos os lados o ridículo e extraindo-o das fontes mais inesperadas. É uma surpresa contínua e crescente de mordacidade e de verdades intoxicadas. Numes e príncipes são colocados em cena para representar a farsa feroz na qual entra o céu, a terra e o inferno: e parece que uma risada zombeteira ressoe pelo universo. As estupendas páginas do *Ludus* demonstram como Sêneca foi capaz de acolher na vastidão do seu espírito também as vozes malignas do escárnio. Elas nos levam para além das maneiras habituais do motejo e do brio, da *dicacitas* ["mordacidade"] e das *facetiae* ["gracejos"]; nelas, o ridículo e o patético, o fantástico e o real, o sério e o grotesco se combinam numa novidade literária que supera qualquer gênero tradicional e se torna criação pessoal. No princípio da composição é um aceno poético à idade do ouro que se abria à morte de Cláudio com a ascensão de Nero, de quem um deus, Febo, presente na obra das Parcas, canta as esplêndidas virtudes; e essa voz carinhosa de adulação, numa sátira tão amarga e vingativa, seria excessivamente desagradável se não se pensasse que Sêneca naqueles dias via subir ao trono imperial aquele seu aluno muito jovem, ávido de louvores, manhoso, infiel, que ele, todavia, esperava conservar como dócil instrumento de ótimo principado, e como príncipe ótimo e clemente queria apresentar logo ao amor e à devoção dos súditos.

Concetto Marchesi, *Storia della letteratura latina*. Milão: Principato, 1965, pp. 233-234.

BIBLIOGRAFIA DE SÊNECA EM PORTUGUÊS

CARDOSO, Zélia de Almeida. *Estudos sobre as tragédias de Sêneca*. São Paulo: Alameda, 2005.

DIDEROT, Denis. *Obras VIII: ensaio sobre os reinados de Cláudio e Nero e sobre a vida e os escritos de Sêneca*. Trad. Newton Cunha. São Paulo: Perspectiva, 2017.

EURÍPIDES; SÊNECA; RACINE. *Hipólito e Fedra: três tragédias*. Trad. Joaquim B. Fontes. São Paulo: Iluminuras, 2007.

SÊNECA. *Agamemnon*. Trad. José Eduardo S. Lohner. São Paulo: Editora Globo, 2009.

SÊNECA. *Apocolocintose do divino Cláudio*. Trad. Frederico de S. Silva. Curitiba: Kotter, 2021.

SÊNECA. *Aprendendo a viver*. Trad. Carlos Nougué et al. 2ª ed. São Paulo: Martins Fontes, 2008.

SÊNECA. *Aprendendo a viver*. Trad. Lúcia Sá Rebello e Ellen I. N. Vranas. Porto Alegre: L&PM, 2008.

SÊNECA. *As relações humanas: a amizade, os livros, a filosofia, o sábio e a atitude perante a morte*. Trad. Renata M. P. Cordeiro. 2ª ed. São Paulo: Landy, 2007.

SÊNECA. *Cartas a Lucílio*. Trad. J. A. Segurado e Campos. Lisboa: Fundação Calouste Gulbenkian, 2014.

SÊNECA. *Como manter a calma*. Trad. Leni R. Leite. Rio de Janeiro: Nova Fronteira, 2020.

SÊNECA. *Da vida feliz*. Trad. João C. C. Mendonça. São Paulo: Martins Fontes, 2001.

SÊNECA. *Da vida retirada. Da tranquilidade da alma. Da felicidade*. Trad. Lúcia Sá Rebello e Ellen I. N. Vranas. Porto Alegre: L&PM, 2014.

SÊNECA. *Edificar-se para a morte: das Cartas morais a Lucílio*. Trad. Renata C. de Freitas. Rio de Janeiro: Vozes, 2016.

SÊNECA. *Édipo*. Trad. Johnny J. Mafra. Belo Horizonte: UFMG, 1982.

SÊNECA. *Fedra*. Trad. Ana Alexandra A. de Souza e Carla Soares. Lisboa: Edições 70, 2003.

SÊNECA. *Medéia. Consolação a minha mãe Hélvia. Da tranqüilidade da alma. Apokolokyntosis*. Trad. Giulio D. Leoni. São Paulo: Atena, 1955. [traduções reeditadas pelas Edições de Ouro e pela coleção Os Pensadores da editora Abril.]

SÊNECA. *Sobre a brevidade da vida. Sobre a firmeza do sábio*. Trad. José Eduardo S. Lohner. São Paulo: Penguin Companhia das Letras, 2017.

SÊNECA. *Sobre a brevidade da vida*. Trad. William Li. São Paulo: Nova Alexandria, 1995.

SÊNECA. *Sobre a brevidade da vida*. Trad. Lúcia Sá Rebello *et al*. Porto Alegre: L&PM, 2007.

SÊNECA. *Sobre a brevidade da vida. Sobre o ócio*. Trad. Renata C. de Freitas. Rio de Janeiro: Vozes, 2021.

SÊNECA. *Sobre a ira. Sobre a tranquilidade da alma*. Trad. José Eduardo S. Lohner. São Paulo: Penguin Companhia das Letras, 2019.

SÊNECA. *Sobre a providência divina*. Trad. Ricardo da C. Lima. São Paulo: Nova Alexandria, 2000.

SÊNECA. *Sobre a tranquilidade da alma. Sobre o ócio*. Trad. José Rodrigues Seabra Filho. São Paulo: Nova Alexandria, 1994.

SÊNECA. *Sobre a vida feliz*. Trad. João T. D'Olim Marote. São Paulo: Nova Alexandria, 2005.

SÊNECA. *Sobre a vida feliz. Sobre a providência. Sobre o ócio*. Trad. José Eduardo S. Lohner. São Paulo: Penguin Companhia das Letras, 2021.

SÊNECA. *Tiestes*. Trad. J. A. Segurado e Campos. Lisboa: Verbo, 1996.

SÊNECA. *Tiestes*. Trad. José Eduardo S. Lohner. Curitiba: Editora UFPR, 2018.

SÊNECA. *Tragédias: A loucura de Hércules. As troianas. As fenícias*. Trad. Zélia de A. Cardoso. São Paulo: Martins Fontes, 2014.

SÊNECA. *Tratado sobre a clemência*. Trad. Ingeborg Braren. Petrópolis/RJ: Vozes, 2013.

SÊNECA. *Troianas*. Trad. Zélia de A. Cardoso. São Paulo: Hucitec, 1997.

VEYNE, Paul. *Sêneca e o estoicismo*. Trad. André Telles. São Paulo: Três estrelas, 2016.

VIZENTIN, Marilena. *Imagens do poder em Sêneca: estudo sobre o De clementia*. Cotia/SP: Ateliê Editorial, 2005.

CRONOLOGIA

Entre 4 a. C. e 1. d. C. – Lúcio Aneu Sêneca nasce na cidade de Córdoba, Espanha, filho de Sêneca o Velho, que pertencia à classe equestre, e de Hélvia, cuja família também era rica. Vai ainda jovem para Roma, onde obtém sua educação em escolas de retórica com vistas à carreira política e à filosofia.

14 d. C. – Morte de Augusto, sucedido por Tibério.

Por volta de 17 d. C. – Estuda filosofia, dentre outros, com Socião, professor ligado aos pitagóricos e aos platônicos. Pouco depois, torna-se discípulo do estoico Átalo, que teve grande influência sobre a formação do filósofo. O último professor de Sêneca antes de sua partida ao Egito provavelmente foi Papírio Fabiano.

25 d. C. – Viagem ao Egito, onde o tio Caio Galério era prefeito, em busca de um clima que fosse mais favorável para a sua saúde frágil e seus problemas respiratórios.

31 d. C. – Retorna a Roma e dá início à sua carreira pública de orador e político.

33-34 d. C. ou 34-35 d. C. – Ocupa o cargo de questor. Ao fim desse período, torna-se senador.

37 d. C. – Morte de Tibério, sucedido por Calígula, imperador conhecido pela tirania.

39 d. C. – Um discurso forense de Sêneca provoca a ira de Calígula, que deseja condená-lo à morte, mas uma cortesã, provavelmente amante do imperador, o dissuade de levar a cabo a pena capital.

39-40 d. C. – Escreve a *Consolatio ad Marciam* ("Consolação a Márcia", filha de um estoico que havia perdido um filho), a primeira das obras que chegaram até os tempos atuais.

41 d. C. – Morte de Calígula, sucedido por Cláudio, outro imperador conhecido pela tirania, que condena Sêneca ao exílio. Após partir para a Córsega, o filósofo perde um filho jovem. Entre 40 e 41 d. C., perde ainda a esposa e o pai. Começa a escrever o tratado *De ira* ("Sobre a ira"), no qual são estudados os mecanismos das paixões humanas e os remédios para controlá-las, obra considerada por alguns como um manual de psicologia estoica.

Entre 42 e 43 d. C. – Escreve a *Consolatio ad Polybium* ("Consolação a Políbio"), um influente liberto de Cláudio a quem Sêneca se dirige para consolá-lo da perda do irmão e talvez também para obter o retorno a Roma por meio de adulações expressas de modo indireto ao imperador, e a *Consolatio ad Helviam* ("Consolação a Hélvia"), sua mãe, a quem pretende consolar exaltando o valor da vida contemplativa.

49 d. C. – Conclui o tratado *De ira* antes de deixar o exílio. É convocado de volta a Roma por Agripina, nova esposa de Cláudio, para ser preceptor de Nero. Depois de voltar do exílio, escreve *De brevitate vitae* ("Sobre a brevidade da vida"), dedicado a Paulino, superintendente das provisões de grão de Roma, além de parente de Sêneca; nele, o filósofo lida com o problema do tempo, que é fugaz, e a aparente brevidade da vida.

Entre 53 e 54 d. C. – Escreve *De tranquillitate animi* ("Sobre a tranquilidade da alma"), espécie de diálogo-tratado dedicado ao amigo Sereno, que abandona os princípios epicuristas para aderir à ética estoica.

54 d. C. – Morte de Cláudio, sucedido por Nero. Escreve a *Apocolocyntosis divi Claudii* ("Abobrificação do divo Cláudio"), sátira menipeia em que, além de zombar do recém-falecido imperador, o filósofo enaltece a ascensão de seu ex-pupilo ao trono.

55 d. C. – Escreve *De constantia sapientis* ("Sobre a constância do sábio"), diálogo também dedicado a Sereno, em que glorifica a imperturbabilidade do sábio estoico, o qual, diante de uma adversidade, se mantém firme em seu interior.

56 d. C. – Consulado de Sêneca. Começa a composição de *De clementia* ("Sobre a clemência"), tratado endereçado a Nero, constitui uma espécie de pro-

grama político ideal baseado na honestidade e na moderação.

58 d. C. – Escreve *De vita beata* ("Sobre a vida feliz"), breve tratado dedicado ao irmão Galião, no qual discute o problema da felicidade e o papel que o consolo e a saúde têm para alcancá-la.

De 59 a 62 d. C. – Escreve *De beneficiis* ("Sobre os benefícios"), outra obra filosófica dedicada dessa vez ao amigo Aebutius Liberalis, na qual trata da natureza e dos vários modos de atos de beneficência.

De 61 a 62 d. C. – Escreve *De otio* ("Sobre o ócio"), obra que procura justificar a vida dedicada aos estudos conciliada com os deveres da vida pública.

62 d. C. – Busca se afastar de Nero, depois de sua influência sobre o imperador ter sido enfraquecida, e se retira da vida política.

De 62 a 65 d. C. – Dedica-se aos estudos e à escrita de *Quaestiones Naturales* ("Investigações sobre a natureza"), o único trabalho científico de Sêneca que chegou até nós; *De providentia* ("Sobre a providência"), que trata do problema da contradição entre o esquema providencial que, de acordo com a doutrina estoica, governa os eventos humanos e o reconhecimento desconcertante de um destino que muitas vezes parece recompensar o fraco e punir o bom; e *Epistulae Morales ad Lucilium* ("Cartas morais a Lucílio"), provavelmente sua obra mais famosa, que formam uma espécie de filosofia prática, de cunho prevalentemente estoico, do dia a dia. Todas essas três obras foram dedicadas ao destinatário das cartas.

65 d. C. – Acusado de participar da conjuração de Pisão, é condenado ao suicídio por Nero.

? Não há documentação precisa sobre as datas das oito tragédias de Sêneca sobreviventes: *Agamemnon*, *Troades*, *Thyestes*, *Hercules*, *Hercules Oetaeus*, *Oedipus*, *Medea* e *Phaedra*; uma hipótese é a de que foram escritas durante o período em que Sêneca foi preceptor de Nero.

**CADASTRO
ILUMINURAS**

Para receber informações
sobre nossos lançamentos e
promoções envie e-mail para:

cadastro@iluminuras.com.br

Este livro foi composto em *Minion* e terminou de
ser impresso nas oficinas da *Meta Brasil Gráfica*,
em Cotia, SP, sobre papel off-white 80g.